先生は教えてくれない
大学のトリセツ

田中研之輔 Tanaka Kennosuke

★──ちくまプリマー新書

277

目次 * Contents

イラスト 加藤淳一

プロローグ　学費四三〇万円を無駄にしない

働き方は教えてくれない

二〇〇八年から大学で教えています。これまで九年間で九つの大学で講義を持ち、三〇〇〇人以上の大学生に出会ってきました。

卒業生も毎年、送り出しています。卒業後に大学院に進学した学生や海外に留学した学生もいますが、その数は少数です。九割以上の卒業生が社会人として働いています。

あなたは大学を卒業した後にどのようなプランを持っていますか？

具体的なことはわからないけれど、どこかの企業で働く、とぼんやりとイメージしているのではないでしょうか。そんなあなたに伝えておきたいことがあります。

それは、**大学は働き方そのものを教えてくれない**、ということです。

適性を探して、強みを活かせる就職先を自力でみつけてくださいね、というのが大学です。今でこそ、労働に関する科目は充実しています。キャリア系の科目が開講されたり、キャリアセンターが就活イベントを実施するようになりました。それでも、私のまわりの学生をみる限り、こうした機会を十分に活かしきれているとは言えません。

こんな話題から入ると、

「当然だろ！　大学は学問をするところだ。大学は就職予備校じゃないし、働き方は社会に出てから学べばいい」と目くじらを立てる教授から非難を受けそうです。

ちょっと待ってくださいね。私も大学を就職予備校だとは思っていませんし、もし、学生から「就職のために大学生活を過ごしています」と言われたりしたら、がっくりきます。**大学の四年間というのは、就職のためだけにあるのではけっしてないですから。**

でも、大学を卒業したら働くのに、大学では働き方を教えない、となると気になることが頭に浮かびます。

大学を卒業して社会人になったその日に、あなたは急に目覚めるのでしょうか？　変身でもするのでしょうか？

新たな気持ちで迎えるということはあっても、**あなたはあなたのままです。**社会常識として知っておくべき知識やコミュニケーションスキルは、大学在学時までに培ったものので、いきなり変化することはありません。そうであれば、大学在学中から社会に出てからの自分の歩みを見据え、準備しながら過ごしていくことは大切なことだとは思いませんか？

働きながら生きていくことになる八〇年という長い人生を自らの力で切りひらいていく準備期間に、**大学を卒業してからどう働き、どのようにして歩んでいくのかを考え、模擬練習を重ねておいても損はしませんよね。**

知りたいという欲求

さて、私が勤務する学部の学費は、四年間で約四三〇万円です。この額は私立大学の平均的な金額です。学費は大学や学部によっても異なります。

国公立の大学では、二八万二〇〇〇円の入学金に、毎年五三万八〇〇〇円の授業料を払い、四年間で約二四三万円かかります。最も高額なのは、医科歯科系の私立大学でその学費は二〇〇〇万円を超えます。下宿をする学生であれば、生活費に加え、賃料も発生します。

授業料免除や奨学金制度が充実している学部もありますが、一般的に言えることは、**この国の大学の学費は安くはない**ということです。

数百万円から場合によっては数千万円という大金を大学に払うわけですから、それなりのリターンを手に入れたいものです。

高い学費を払って、大学で何を身につけていきましょうか。

その出発点として考えてみたいのが、**大学での学びとは何か？**　ということです。

講義に出席して教授の話を聞くことですか？　単位を取得するために、テストのスコアに必要な知識を習得していくことですか？

これらは学びの形式であって、本質的な意味ではありません。大学における学びとは、教科書に書かれている内容をそのまま暗記していくようなつめこみ学習だと勘違いしてはいけません。受験勉強とは全くべつものです。

学びとは自分が知りたいという欲求に正直に、好奇心を持ち続け、日頃の生活においても、考え、発見していくような構えのようなものです。学びは、生きていくことと密接に結びついた壮大なプロジェクトだとも言えます。大学生にとって学びとは、もっと自由で、自分目線の自分好みのものでいいのです。

学びが与えられる受動的なものではなくて、自ら味わっていく能動的なものになると、日々の生活の中に学びが欠かせない行為であることに気がつきます。日々の営みがその先の人生を築いていく感覚を手にするようになります。

「学びとは、生き方をデザインしていく行為」そのものなのです。学びは、吸収していく浸透力と、生み出していく創造力、自分だけではなく周りの人を引っ張っていく牽引《けんいん》力を伸ばしていきます。

ここでデザインという言葉を使っているのには、それなりの思い入れがあります。デザインという言葉は、下絵を描いていくことや、図案を描いていくこと、ファッションデザイン、グラフィックデザイン、インダストリアルデザインまで、何かを創っていく行為について日常の様々な場面で広く使われています。

私はこのデザインという言葉が持つ、幾つかの要素を検討し、調整していく中でこの先を生み出していく創発的な計画性という意味に可能性を感じ取っています。

一〇年ぐらい前までは、学びとは「生き方の哲学」だと思っていました。それもあながち間違いではないのですが、哲学というとどうしても、自己への問いに向かうため、今すべきことや今考えるべきことが抽象化していく傾向にあります。そこで私なりに経験を重ねいろいろと模索していく中で、より具体的に生き方そのものをデザインしていくことが学びであるという見解に辿《たど》り着いたのです。

日常に生かせる学び

学びは最高の贅沢《ぜいたく》です。

「たしかに、そうですよね」と共感してくれるあなたに本書は必要ありません。毎日楽しくて、思考する喜びを感じていますよね。ぜひ、そのまま学びの味わいを深めていってください。

「えっ、学びが最高の贅沢？　そんなことはないでしょ」と感じる人の方が多いのではないでしょうか？　そんなあなたに向けて、本書を書いています。

学びはつまらないという呪縛からあなたを解放したいのです。学びはあなたをつくり、あなたの明日をつくっていきます。

しばしこの本に向き合ってみてください。好きな場所でゆったりと休憩を挟んでもいいので、じっくり読み進めていってください。

本書を読み進めていく中で、学びが美味《おい》しそうだと気づき、それぞれの学びが違ったものになるとき、あなたの日常も不思議と変わっていきます。

学びは変わります。このことは自信を持って言い切れます。

学びの美味しさを体感すると、もっと食べたくなります。より美味しいものはないかと、ネット上で関連情報を調べたり、関連書籍をむさぼり読むようになります。そうして感じた美味しさを友だちに伝えたくなるでしょう。こうなってくると、あなたの学びは劇的なスピードで成長過程に突入していきます。機械的な学習に囚われた思考と身体は解放され、真の学び人になります。

福澤諭吉もこんな言葉を残しています。

「**学問で重要なのは、それを実際に生かすことである。実際に生かせない学問は、学問でないのに等しい**」（福澤諭吉著、斎藤孝訳『現代語訳　学問のすすめ』ちくま新書、強調

は引用者）
知りたいという欲求を育て、美味しさを味わっていく。そうした日々の営みが生き方をデザインする学びの動力源となり、四三〇万円という学費のリターンを着実に生み出していってくれるのです。

本書の構成

本書は大学生のあなたに伝えたいポイントをまとめた四つの章と、教員の目線からみえてくる大学の歴史的な変化やリアルについて触れた第五章から構成されています。

第一章では、講義の受講方法を一八〇度かえてみようということを提案しています。とくに、大学の風物詩ともいえる数百人が一斉に受講する大規模講義の受講方法に焦点をあてていきます。今日の大学では成績評価も厳格化され、そのため、出席をとる講義が時間割を埋めていきます。講義の受講に費やす時間を考えると、この時間を最大限に活かしていく方法を会得しておきたいものです。知識を習得するだけでなく、知性を磨くために受講するのが鍵《かぎ》となります。

第二章では、大学時代にできるだけ数多くプレゼンの機会をつくり、伝え方の苦手意識をなくしておくことについて書いています。プレゼンは誰でも苦手です。それはプレゼンの機会がただ少なかったからなのです。定期的に繰り返していけば、伝え方は劇的に良くなっていきます。大学時代での伸びしろポイントだともいえるでしょう。

第一章で聞き方、第二章で伝え方に焦点をあてたので、第三章では、書き方について着目します。大学ではレポートを課せられる機会が多くあります。在学時には研究論文、卒業時には卒業論文に取り組むことになるでしょう。インターネットでありとあらゆる情報にアクセスできる時代ですから、レポート課題も、関連箇所をコピーして貼り付けるという行為も簡単にできてしまいます。そんなことをしても、損をするのは自分自身です。

せっかくなので文章を鍛錬する好機として捉《とら》えましょう。大学時代の良さは、同じ課題に向き合う仲間がいることです。個人でレポートをまとめて教員に提出して済ましてしまうのはもったいないです。仲間とともに論文や文章を磨き合う。ゼミの位置づけや活動とともにチームで書き方のレベルアップを図ることについて触れていきます。

某CMで有名な「バイトするなら」のフレーズをもじった第四章では、働くことに感じている不安や悩みに向き合い、卒業後を見越して、在学中にどのようにして働き方を学んでいくのかについてとりあげています。学生時代のアルバイトへの向き合い方、希望職種に近い職場でのインターンの内実に深く迫っていきます。アルバイトのかけもち、アルバイトとインターンのかけもちなど、複数の職場で同時に働くことで飛躍的に成長していく様子も描いています。

第五章では、大学を客観的にかつ俯瞰《ふかん》的な視点からとらえ、第一章から第四章までにまとめた大学生に伝えたいポイントを考えるきっかけとなった大学の現状について記しています。大学が今、どのような問題に直面しているのか。教員からみえてくる大学の変化とリアルについて触れています。

あなたのまわりにも、第五章で取り上げている幾つかの問題があるはずです。そうした状況から目を背けることなく、多面的な視点で大学の現状をつかむことも大切です。人は誰しも自分をとりまく環境に左右されます。問題が起きていれば、その解決策を練り、状況を打開していくこと。これも生き方をデザインしていく上で重要な学びなのです。
エピローグは第一章から第五章までのそれぞれのポイントを支える考え方の軸についてまとめています。本書のメッセージはシンプルで、**大学の学びを自分たちのできるところから充実させていこう**ということなのですが、その学びというのは大学時代に限ったものではないことも指摘していきます。大学卒業後の人生の歩みをふまえて、生き方をデザインする学びの中身に触れていきます。

なお、本書のエピソードはすべて実話です。プライバシーに配慮して学生と教員の個人名はすべて仮名にしてあります。

本論に入る前に、読者別に五つのメッセージを書きました。該当するメッセージを一つ読んでから、本論のページをめくってください。

①大学生のあなたへ

大学生活を満喫していますか？　大学の学びは、高校までの勉強とは違い、なんだか本気になれないなあと感じているのではないでしょうか。仲良くなった学部の友だちと、毎回、同じ席に着いて、教授の話を聞いて、課題をクリアして、単位を取得して過ごしていますね。アルバイトもあるし、サークル活動もあるしで、二年生、三年生、そして最終学年の四年生、四年間という月日は、思っているよりもあっという間です。

大学は社会に出ていくための準備期間です。この期間に、**高校までの受け身の自分から、自ら動き考える新しい自分へと成長していかなければなりません。**社会は自分で考え、行動に移せる人を求めています。

新たな自分への成長は、これまでのあなたの過去の歩みの否定ではありません。これまでのあなたの歩みがあって、それらの経験を活かしながら、社会に出てから翻弄されないしなやかな自己を形成していくのです。

あなたをとりまく大学の環境を嘆いているだけでは、状況はかわりません。環境が変わらないなら、あなたが変わってみてはどうでしょうか？

大学の学びは捨てたもんじゃない。

こんなことを伝えたいと思っています。あなたの気づきがもたらす小さな変化が、必ずやあなたを成長させ、あなたをとりまく状況をかえていきます。状況が変われば、環境も次第に変わっていくものです。

こういってよければ、**大学の学びがあなたの未来を創っていくし、あなたの取り組みが大学の未来を創っていくのです。**

本書に書かれたことと、あなたの経験は重なる部分が多くあると思います。ぜひ、自分のことだと思って読み進めてみてください。

②大学合格を手にしたあなたへ：入学前の心がけ

大学合格おめでとう！　第一志望の大学に合格できた人、第一志望には落ちてしまったけど、これまで頑張ってきた努力が報われた人。推薦で合格を手にした人。それぞれの受験ドラマがあってみんなはようやく大学生になります。

さて、大学一年生のオリエンテーションが始まる前までに次の三つの準備をしておいてほしいと思います。

一つ目に、大学生になる、という自覚を持ってください。高校生や浪人生活から、新たな門出を迎えるのです。新たな自分を生きるというマインドをこの節目に持ってほしいのです。過去の自分をひきずり、うまくスタートが切れない大学生を何人もみてきました。**大切なことは、大学生になるということは過去の自分を否定することではなくて、明日の自分を創るというきわめてポジティブな門出であるということなのです。**

二つ目に、大学は何のために行くのか、という目的をあらためて明確にしておきましょう。目的が明確に定まっていると、日頃の授業や大学を通じた様々な人との出会いや、身の回りの出来事や情報を吸収していくことができます。

三つ目に、大学の四年間で何をするのかという行動計画を書いておきましょう。四年後にどうなりたいのかを具体的に思い浮かべることができる人は、そのヴィジョン達成にむけて、クリアしていく事柄とその対策をスケジュール化して記入していきましょう。四年後の自分を思い描くことができない人は取り組める事柄から計画に書き込んでいきましょう。大学では一週間のスケジューリングの大半を自ら組むことができます。必修課目などは固定されていますが、それ以外の時間はどの講義を受講するのか、どの時間帯にどのようなアルバイトをするのか、サークル活動や友だちと過ごす時間なども決めることができます。

四年後はまだ先のことだと思ったとしても、一年後や二年後の自分にむけて、今何をすべきか計画的に準備をしていける大学生とそうではない大学生とは身についてくるものが違ってきます。

大学生になるためのマインドセットと、何のために大学に通うのかという目的を明確にし、四年間の行動計画をたてて、大学生としての初日をむかえてください。

③大学を目指す中高生へ

大学進学を目指して、勉強に励んでいる中学生や高校生のみなさんにも読めるようにわかりやすい言葉で本書は書いてあります。その中でも、とくに中学二年生以上を念頭に置いています。その理由は二つあります。

一つは、中学二年生の頃から、学びがつまらなくなっていくはずだからです。高校や大学への進学を意識するようになり、学びは得点をとる必須条件となるからです。都心部で小学校受験をして中高一貫校に進学しているみなさんの中には、もう少し早い時期に、学びはつまらないものになっているかもしれません。

つめこみ重視の学びの中では、楽しみや喜びを発見していくことは容易なことではありません。大学合格をゴールにした学びの過程は、食べたくないものまで嫌でも食べないといけないような強制にちかいのではないかと思います。大学という場所ではそういったこれまでの学びから解放されます。

もう一つは、中学二年生の頃から、「どんな職業に就きたいのか」を考えるような機会が徐々に増えていくからです。それは小学校の時に書いた「将来の夢」より具体的なワークになります。ここで「将来の夢」と「どんな職業に就きたいのか」は似たような質問であると感じるはずです。たとえば、医者になりたいという夢を掲げたなら、将来、医者という職業に就くと書くことになります。

ただ、中学生の頃からは、「どんな職業に就きたいのか」より、「どのようにしてその職業に就くのか」という問いに向き合うことが大切になっていきます。この「どのようにして」というプロセスを聞かれると、「どうしていいかわからない」と固まってしまうのではないでしょうか？

そんな将来就きたい職業をぼんやりと考え始めるときに、生き方をデザインする視点を持っていると、働くことを、生きていくというより長い時間軸で考えることができます。そういった職業と現実的に向き合う必要がうまれてくるのが大学生というかけがえのない時間です。

働き方の練習について論じた第四章は、まだ、みなさんには遠い世界のことのように思えるかもしれません。まず、第一章と第二章を読んでみてください。

④保護者のみなさまへ

大学生はこの国の宝です。彼ら・彼女らは、近い将来社会に出ていくことになります。地域で子供を育てるという取り組みを耳にしますが、大学生においても関われる大人が責任をもって育成していく、そんなムーブメントが今必要なのではないかと感じています。

大学の教員にできることには限界があります。大学生を育てていくという責任を保護者のみなさまに転嫁するわけではないのですが、入学後も大学や大学生に関心を持ち続けてほしいのです。

大学に入れることが育児の到達目標だと考える風潮が少なからずあります。私も親なのでわかります。私の友人はお子さんが大学に合格した際に、「これで親の責任は果たした。肩の荷がおりた」と話していました。

でも、大学に入学して、そこから急に、「あとは自分で頑張れ」と旅立たせてしまうと、大学在学中のもやもやとした悩みや心の声が聞こえなくなってしまいます。ご自宅から大学に通っている学生であれば、日頃から大学のことを話題に挙げてみてください。一人暮らしをしている学生だと、なかなかコンスタントに連絡をするのは難しいかもしれませんが、連絡の機会をできるだけ確保していくことと、帰省した際には、大学での学びについて聞いてみてください。

大学在学時の環境や、大学を卒業してからの境遇も、親御さんが通っていたころとは異なる部分もあります。そのため、ご自身の経験を一方的に伝えていくというよりは、お子さんの状況を聞いて、適宜アドバイスをおくることを意識してみてください。

いずれにしても、この国の宝である大学生の才能を四年間で飛躍的に向上させていくには、一番、身近な社会人の先輩であるご両親のかかわりが必要なのです。

第四章は、学生たちが働き方を学んでいく経験について触れています。大学の教員の大半が、この部分のサポートが手薄です。社会人の先輩として、働き方についてのアドバイスやサポートをお願いします。

⑤教育関係者のみなさまへ

教育というのは、専門の知識や経験を次世代に伝えながら、人を育てていく不断の営みです。しかし、この伝えるというのが、なかなか厄介なことですね。たとえば、一方的に話をしていると知識や経験は不思議なほど伝わっていきません。

私の体験を例にしますと、二〇〇名ぐらいの講義で、専門用語を織り交ぜながら解説していくとします。九〇分の講義の終了間際にその用語の解説を求めます。そうすると驚くほど、身についていない学生が多いのです。一週間が過ぎ、前回の復習をすると用語そのものが記憶から抜け落ちてしまっている学生が多いことに驚愕《きょうがく》します。

その実情を踏まえて、私は知識伝達方式を極力とらないようにしています。用語の名称を解説し、記憶させるやり方ではなくて、問題の内容を考え抜き、それを発表するようなワークを繰り返す、知識相互共有方式をとっています。

三〇〇人という大人数が受講する講義であっても、九〇分の間に、二つから三つはディスカッションのできるワーク課題を行います。伝えるということは、インタラクティブな行為なのですね。

さて、私の個人的な意見なのですが、教育関係者が教育機関を超えて日頃からもっと自由に交流機会を増やしていけたら、人を育てる不断の営みがより実践的なものになるのではないかなあと感じています。私のゼミは、年中公開にしているので、修学旅行時にゼミ見学に来るなど、高校生が毎週参加しています。大学の雰囲気や大学生の学びを経験した生徒たちや引率の先生からその後の様子やフィードバックを頂くと、こうした取り組みの教育効果の高さが窺《うかが》えます。私も、中学校や高校に足を運んで、生徒たちに直接話をする機会を大切にしています。

人を本気で育てるとなれば、時間がかかります。教育をひらき、交流の機会を増やしていくことで、この国を担う次世代は、潜在的なポテンシャルを大きな翼に変え、羽ばたいていけるのではないでしょうか。

第五章では、大学の現状を包み隠さず書いています。先生方は、大学の実情に落胆されるかもしれません。そこは素直に認め、一つひとつ改善をしていきます。教育がこの国の未来を担っています。先生方の現場の状況も教えてください。

第一章　三〇分に一つの質問メモで講義を楽しむ

行列のできる学び

二〇〇六年四月から二年間、私はカリフォルニア大学バークレー校に在外研究員として在籍し、大学院のゼミや研究会に参加する傍ら、学部講義も聴講していました。当時を振り返り今でも思い出すのが、教室前にできる行列です。長蛇の列をなしているのは、講義を受講する学部生です。一見すると、人気ショップの開店を待つかのような列です。

その列に並んでいる学生たちは、課題英文を手にして読みながら前の講義の終わりを待っていて、講義が終わり教室から受講学生が出てくるとすかさず、前の方から座席をとりにいくのです。なぜ、わざわざ並んでまでして、前から座るのかを学部生に聞いてみました。

すると、「教授の話を近くで聞きたいし、質問したいからです。その他に理由なんてありますか?」と逆に質問をうけるほど、明快な答えがかえってきました。

できるだけ前の方で、教授の話を聞きたい。考えたことを質問したい。憧《あこが》れの人気グループのコンサートに行くのと同じようなワクワクした気持ちの集まりが、講義前の長蛇の列をつくっていたのです。

あなたは今、どこの席で講義を受講していますか?

前方の数列が空席でも、教室の後ろの席から着席していくという学生たちもいます。

肝心なことはあなたがどう講義に向き合うかなのです。

後ろの方に座っているならば、前の方に座るようにしてみましょう。それが、大学の学びをかえる最初の一歩です。

たったこれだけの小さな心掛けが大きな変化をもたらしていきます。

知識を貯め込み、知性を育てる

高校までの学びは、共通して習得しておくべき知識を幅広くバランスよく、とりこん

でいくようなものです。身につきやすい知識もあれば、どうも馴染《なじ》めない知識もあります。そのそれぞれのあつまりが得意な教科や苦手な教科として意識されるようになります。

それにたいして、**大学での学びは、偏った分野の知識をより深く掘り下げていくようなものです。様々な講義科目の専門知識を深く吸収していき、そこから知性を育んでいきます。**偏った分野への執着が大切です。一つのものに没頭したり、好きなものをとことん集めるといったコレクター癖がある人は、大学の学びに向いています。

そのために大学側が用意しているのが、専門科目の講義です。この時間は、専門分野の見識を体内に貯め込んでいくインプットの作業となります。注意が必要なことは、大学はあなたの関心にあわせた個別インプットプログラムを組めるほど手はまわらないということです。したがって、自分自身の関心にひきつけて、インプットの順番をプランニングしていくことが大切なのです。

一歩を踏み出し、自ら問いを立てる

「何から手をつけていいかわからないのです。どんな本を読んだらいいのですか？　勉強する気はあるのですけど……」

と聞かれることがあります。

同じような悩みを抱えてはいませんか？

「何をしてもいいよ。どこから手をつけてもいいし、どんな本からでもいいよ」

というのが、頭に浮かぶ私の返答です。

何もしないより、何かにとりかかることは大きな前進だし、一冊のおすすめの本を読むより、自分で読みたい本を夢中になって読んでみる。そんな経験も、将来の大きな糧になるし、それぐらいの時間があるのが大学生活だからです。

でも、「何をしてもいいよ」というような答えを期待していたわけではないですよね。明確な返答をもらって、一つひとつ取り組みたいはずです。大学の学びは、とんでもなく広そうな気がして、どこから突っついたらいいのか、わかりませんよね。

そうであるなら、「何をしたらいいのか」の迷いに対する何らかの処方をしていくことが必要ですね。

処方は二つ考えられます。

一つは、明確な行動を設定することです。たとえば、講義の終わりに友だちとカフェにいくとしましょう。そしたら、何をしますか？　得意の検索スキルをつかって、どのカフェがおしゃれで、美味しいのか。値段はいくらぐらいなのか。お店の雰囲気や評判はどうなのかを口コミサイトで調べて、その手に入れた情報を友だちとLINEで共有して、一緒に時間や場所をきめるのではないでしょうか？　この過程で「何をしたらいいのか」迷いましたか？

次に考えられるのが、迷う前に日常のルーティンに組み込んでしまうことです。たとえば、歯磨きを考えてみましょう。歯磨きをしようかな？　どこから歯を磨こうかな。歯磨きをするのを迷いますか？　今日は何をしようか迷う前に、歯磨きをしているのではないでしょうか。

「何をしたらいいのか」で迷っているなら、明確な行動を設定するか、日常のルーティンに組み込んでしまえば、迷いはなくなります。迷う前に行動が生まれます。

そしてその行動に関連する書籍から読み始めていくのがいいですね。カフェの例であれば、メニューの値段ってそもそも、どうやって決まっているのか？　店舗の雰囲気や評判は売り上げにどれぐらい影響するのか？　これらの問いは、経営学や経済学、人の行動に着目すれば社会学にも関連書籍がいくつもあります。日々の行動からふと湧《わ》き出る疑問にむきあい、その疑問に答えてくれそうな書籍を手に取っていくのです。日々の行動を深掘していくことで、大学の学びがより実践的なものになるのです。

大学の学びで大切なことは、「自ら問いを立て、答えを導きだすこと」だとしばしば言われます。でも、どうやって問いを立てていいのかわからないという質問を受けることがよくあります。

この問いの立て方をみていくことにしましょう。問いは身近なところから考えていきます。

試しにやってみてください。

まず、あなたが今関心をもっている事柄を五つ書き出してみてください。五つ書けたら、なぜ、関心をもったのか、その理由も書いてみてください。

それができたら、その五つの中から、あなたが最も関心のある事柄を選定し、その理由も書いてみてください。これは実際に私が講義の中でやっているワークの一つです。自身の関心をあげ、なぜ関心をもつのかという整理になります。

このように大学の学びにおいて大切な問いを立てていく試みは、自分の経験や日常生活での出来事をヒントに展開していきます。

この初歩的なワークは、重要な意味を持っています。というのも、「問い」は「与えられる」ものではなくて、「導き出すもの」であることを実感できるからです。

思考法をまねる

学びは知的な快楽を伴います。もし、あなたがこれまで学びに悦びを感じられなかったとすれば、学びの方法や意味づけが間違っていたからです。

先日、ある小学校と中学校の授業の様子をみさせていただきました。生徒一人ひとりに語りかけるように、一人ひとりがじっくりと考える時間を設けて、その後、発表が続きます。滑舌の良いはっきりした声で、真剣な表情と笑顔を交え、授業が展開されていきます。

生徒が楽しそうに学んでいる様子をみて、教え方が上手いな〜と感激しました。小学校の先生の大半は、授業が上手です。授業展開法を評価したら、大学教員よりはるかに高い平均点を叩《たた》き出すはずです。

この差は、教え方へのフィードバックをもらい、日頃から教え方の技法を磨きあげているか、そうでないかの違いにあると思います。

小学校の先生になるには、学生のときに教育実習を経験しなければなりません。教育実習は、子供たちと接して教員としての練習を積むだけでなく、授業の様子を複数人の現役の先輩先生にみてもらいフィードバックをもらっています。

教師の多くは、教師になりたいと思って、教育実習に行って、日々教え方を改善しながら、教師になりますが、それに比べて大学の教員は、大学の先生になりたいから教員になったという人は少ないです。それぞれの研究分野を深化させていく過程で、それを継続させていくための身分が大学教員なのです。つまり、研究するために先生になるのです。教えるという立場は、小中学校や高校の先生と変わりませんが、教えることへの構えと経験が全く違います。

だからといって、大学教員は授業下手《べた》でいい、ということではありません。そのような先生になる経緯の違い、教え方の構えの違いを理解していくと、最初の戸惑いはやや軽減するのではないでしょうか。

大学は、高校の三年間よりも一年長い四年間を費やします。入学前の基礎的な学力を維持しながらそれをより実践的な応用力へと育てていけるような段階的なカリキュラムが不可欠ですし、個々で伸ばしていく取り組みも怠るべきではないのです。

では、そうした背景を知ったうえで、あなたはどうしたらいいのでしょうか。

それは、**高校までの「知識を教えてもらう」というスタンスではなくて、「職人の技術を模倣し、盗む」ということを心がけることです。**

私もこれまで先輩の教員から思考法を盗んできました。そのやり方を簡単に紹介しておきましょう。

① 講義の目的は何で、どんな問いを立てているのか
② なぜ、その問いになるのかを自分なりに考えてみる
③ 問いに対する分析や解釈をしていく手順や資料は何なのか
④ 分析や解釈の結果から導き出す講義の結論＝伝えたいことは何か
⑤ その結論が講義の目的とどのような関係にあるのか

この五つの視点で講義を受けるように心がけていました。つまり、講義をただ受講しているというよりは、講義の構成をジャッジするような視点で受けていたのです。これは、ただ話を聞くという視点を変えるには最適な方法です。

面白い講義だと感じる場合には、この五つから九〇分という講義の時間が配分され、構成されています。逆に、つまらないと感じる講義は、こうした講義の構成が考えられていないのです。

講義メモをとるときに、この五つの視点を意識して受講するようにしてみてください。これを繰り返していると教員の思考法や癖というのがみえてくるようになります。専門

分野によって違うということはなくて、面白い講義をしている教員はどのような分野であれ、この五つのポイントで順序立てていく思考法が似ています。

できることなら、あなたがそのテーマについて講義をするなら、どのような講義をしていくのかという、教員目線で考えてみてください。頭の中で、講義を受ける側から教える側にポジションをかえてみる。このことも、あなた自身の思考力を鍛えていくことにつながります。ただ聞いているだけでなくて、その知識に対してどう考えるのかを講義の中で毎回吟味していくのです。

合格がゴールの先へ

一年生のゼミを担当していたとき、講義中に下を向いて、冴《さ》えない表情をしている男子学生に声をかけました。

「どうしたの？　体調でも悪い？」

すると、その学生は

「体調は悪くないんですけど、何もやる気が起きないんです。何もしたくないのです」

「それはいつからなのかな？」

「大学に入学するのが目的だったので、合格したら何もやる気がおきないんです」

と言いました。

目標を決めて達成する。その結果に満足する。でも、その先のことは何も考えていないのですね。志望していた大学に合格したことは確かに素晴らしい達成ですが、合格してからの四年間のほうが、合格という結果より大切です。

この一年生は自分がオリジナルな人生の主役であることを忘れてしまっているともいえるでしょう。

いろいろな知識を身につけていく過程で、所詮大きな物語の脇役として生かされていると感じることは多々あります。自分ではどうにもならないと感じることも増えていきます。高校、大学と進んでいくうちにその思いが強まっていくでしょう。

あなたが大人になったとして、もし大学生から「何で、大学にきてまで勉強しなければならないの？」と聞かれたら、どのように答えますか？　ちょっと考えてみてください。

「だってそのために大学に来たんじゃないか」、「勉強はしないといけないでしょ」と、勉強ありきの答えを伝えるかもしれませんね。それであなたなら、納得できますか？

次のように答える人もいるかもしれません。

「勉強は役にたつよ」、「勉強したら、得するよ」と、本人のためになるからという理由を伝えるのではないでしょうか。

たしかに、勉強は自分のためになるものです。でも、勉強は自分のためだけのものでしょうか？　勉強というのは学びの一つの行為であって、なりたい自分になるために自らの力でハードルを一つひとつ乗り越えていくために必要なものです。

それだけでなく、あなたが学ぶことで、あなたがこれから接していく人たちへの贈り物になるということも大切です。看護師になるための国家試験を数カ月後に控えた時期に、看護学校の学生に話をする機会があります。国家試験対策に集中的に打ち込む前の大事な時期に、私は、「ここでの学びは、国家試験を通るために不可欠なものですが、みなさんがこれから看護師として現場で働くときに出会う、医者や同僚の看護師、そして何よりも患者さんにとっての贈り物だと捉《とら》えて学びを続けていってください」と伝えます。たとえ、結果が悪くても、その過程を大事にするには、こういった考え方が必要です。

このように「なぜ勉強しなければならないの?」には、私は「なりたい自分になるために必要なことで、そのがんばりがこれから出会う人たちへの贈り物になる」と答えます。

学びはあなた自身の土台づくりでもあります。何ごとも基礎がなくては発展はありません。学びの基礎がその先を創り出す心臓部となるのです。

突然の空き時間をどう使うか

大学で講義を受けに教室に行くと、担当の先生が体調不良で突然休講となる、こんなこともたまにあります。九〇分空きました。さて、降ってわいた時間をどのように使いますか?

その教室に友人も来ていたなら、友人とその時間を過ごすのもいいでしょう。できれば、日頃なかなか時間がとれなくて相談できなかったことについて話をしてみるのもいいですね。

そうではなくて、一人で次の講義までの時間を埋めることになったら、あなたはどうしますか？　そこでの時間の使い方によって、

① 今、すべき課題が明確で、それに取り組む人
② 今、何をしたらいいか、わからない人
③ 今、何もしようとしない人

の三つのタイプに分類できます。

時間の使い方は、もともと、自由なものです。しかし、大学に漠然と入り、ただただ講義を受けるという受け身の姿勢が常態化していくなかで、時間は与えられるものにっていきます。そうなると、時間は自分で使い方をデザインしていくものだということを忘れてしまいがちになります。

それとは対照的に、今、すべき課題が明確で、それに取り組む人にとっては、ふと空

いた時間も、有意義に過ごしていけます。時間の使い方を日頃から意識しておくことは、大学生活を充実させていく心得でもあるのです。

情報収集は貪欲《どんよく》に

新聞を読みますか?

三〇〇名の講義で、新聞を毎朝読んでいる学生がどのくらいいるのか聞いたところ、たったの六名でした。

もちろん新聞を読まないから、世の中で何が起きているのかに興味をもっていないというわけではありません。「朝はそんな時間はないし、情報はソーシャルメディアで大体はいってくるから新聞は必要ない」というのが主な理由です。

学生の情報感度は高いです。情報源となるメディアが、新聞ではなくて、twitter、facebook、LINE、その他の情報を集めたキュレーション・メディアが主流です。近頃は、SNSで実名で情報を発信している人も増えています。SNSから入手できる情報の信用度は以前よりも高く、情報が新鮮です。

とはいえ、SNSをもとにした情報収集は、情報の一部を断片的につまみ食いしている傾向があります。新聞は、今はデジタル版で読む人も増えてきています。デジタル版でも紙媒体でも、世の中では何が起きているのかという全体的な情報の収集を心がけるようにしたいものです。

情報を収集するだけでなく、より体系的な理解の手助けとなるのが、本です。しかし、一年間に数冊しか読まない学生もいます。読書は誰も強制できません。自分で関心をもったテーマの本でいいので、意識的に手に取るようにしたいものです。

ちなみに、一九九五年に京都大学で行われた読書調査では、学生は一〇日に一冊のペースで教養書を読み進め、ほとんど読んでいないというのは一・八％にすぎなかったそうです。一日の読書時間は、一・八時間で、九三％の学生が教養書を読む時間がもっとほしいと答えていました（竹内洋『教養主義の没落』中公新書）。このように時間さえあれば、本を読むことはできるのです。

その対策として、読書を時間割に組み込んでみるのはいかがでしょう？　大学生は、受講講義の時間割をみながら日々行動しています。その時間割の中に、あらかじめ本を読む時間を設定するのです。図書館でも、本屋でもいいのですが、書籍がまとまってある場所に行って、本の並びを眺め、興味ある本を手に取って読むようにするといいかと思います。

一冊の本を手にして、読みきるのが苦手であれば、本のある部分を読んで、他の本を読むという自由な読み方でも、読まないよりは格段に情報量が増えていきます。覚えることを目的とするのではなく、情報をむさぼり吸収していく読書は生き方をデザインしていく考え方を広げていくためのプロテインなのです。

ノートに質問を書き連ねる

授業中に行ったワークの内容を確認するために、授業前に配付したＡ４二枚の紙を回収しました。回収した用紙に書かれた内容は二つです。一つは、講義で解説していた内容とワークの内容の両方が書いてある用紙と、もう一つは、ワークの内容のみ記載されていた用紙です。

ワークの内容は、それぞれ完成度はまちまちですが、驚く点は、**講義内容を記録して**

いる部分がきわめて均質化されているという点です。講義中に使用していたスライドの内容を一字一句そのまま写している再現ノートばかりなのです。

ノートをとるという行為が、黒板や授業スライドを写す行為になっています。講義を聞かないよりはましですし、手を動かしている点でやらないよりは記憶の助けになります。

先にも述べたように、大学で大事なことは、授業内容をそのまま覚えることではなくて、なぜ、そうなるのか、他の見解はありえないのかというように、絶えず自分の意見や見識を述べることです。

教員の多くは、プロジェクターで投影した講義資料を後日、教育支援サイトにPDFファイルでUPしているはずです。講義資料を入手できるのであれば、なおさら、投影されている資料をそのままノートに書き写すこと自体は、単なる作業以上の意味を持ちません。それよりも資料に対する自分の見識や気づきをノートにまとめていきましょう。

数百人規模の大規模講義になると、教員の講義を途中でとめてまで、質問をするのは気が引けるようです。そんな場合は、持ち込んだパソコンでもノートでも構わないので、質問を書き留めていくのです。**九〇分の講義であれば、三〇分に一つは質問を書き留めていくことを目安としてください。**

三〇分に一つ合計三つの質問というのは、あくまでも目安です。毎回質問を書き留めるように訓練していくと、質問を思いつくまでの時間が短くなりますから、それに比例して質問の量は増えていきます。最初のうちは、質問の質にこだわる必要はありません。

というのも、質問メモの内容に正解はないからです。どんな気づきでもかまいません。ただし、頭の中でぼんやりと浮かべているよりは、文字にして可視化させてください。質問メモというと、ちょっとハードルが高いなあと感じるようであれば、質問をつぶやいてみてください。twitterに投稿するような気楽な気持ちで、文字化してみてください。**質問の量が増していくと、質問の質も洗練されてくるのです。**

あくまでも参考例になりますが、質問メモの切り口を幾つか書いておきます。ここではとくに社会科学系の講義の受講時に使えるポイントをまとめておきます。ヒントにしてください。

・いつから起きている事柄なのか（時間の視点）
・どれぐらいの規模で起きていることなのか（空間の視点）
・同じような事柄は、他の地域や、他の国でも起きていることなのか（比較の視点）
・その事柄は、いかなるインパクトをあたえているのか（影響の視点）
・その事柄に関わっている関係者は誰か（アクターの視点）
・その事柄にはいかなる組織が関わっているのか（組織の視点）
・その事柄が問題であるならば、どのような解決方法が考えられるのか（解決の視点）
・その事柄に対して、あなたはどう向き合うのか（自分事として捉える視点）

このような切り口を質問メモの軸にして、書き進めていくと講義が楽しくなってくるはずです。聞いているだけでなくて、考え続けるようになるからです。できれば、この質問メモをお互いにみせあえる友だちと受講するのがいいですね。

また、講義中や講義後に、教授に質問をぶつけてみてください。教授はあなたの質問を待っているので、喜んで答えてくれるはずです。毎回の講義での三つの質問を習慣化させていくと、批判的思考力もコメント力も自然と磨かれていきます。講義の内容を複写しているだけの受け身学習とは、まったく違った時間が生まれるのです。

第二章　プレゼンは三回やれば好きになる

マスクをとり、はじめてのプレゼン

履修者二〇名定員の私の講義では、一年生の後期に、憧《あこが》れの社会人にインタビューをして、その内容を報告するというプレゼンテーションを行っています。斉藤來未《みらい》さんは、毎週、マスクをつけて出席していました。斉藤さんのほかにもマスクを毎週つけてくる女子学生が二人いました。彼女たちは体調の良い日も悪い日もマスクをしています。顔の下半分を覆い隠すマスクは、彼女たちの必需品なのです。

演習中もマスクをとることはありません。発表がまわってきたときには、マスク越しに、小さな声で発言をします。何を言っているのか聞き取れないこともあります。

その日は、斉藤さんがプレゼンテーションをする日でした。高校の恩師にインタビューをしてきた斉藤さんは、マスクをとり報告を始めました。プロジェクターで資料を投

影し、一〇分弱の報告です。インタビュー対象者の紹介をして、三分が経過したときのことです。

急に声が小さくなり、震えているようにみえました。次の瞬間に、斉藤さんはそのまま倒れ込んでしまいました。けいれんや過呼吸の心配をしましたが、安静にしていると、幸いにも症状は回復にむかいました。別の女子学生に頼み、斉藤さんを学内の医務室へと連れて行ってもらいました。

後日、授業前に斉藤さんと話をしました。「二〇人の前にたち、報告しているうちに、震えがとまらなくなった。その震えを友だちにみられるのが嫌だなあと思っていたら、気分が悪くなってしまった」といいます。

「また、プレゼンしてみたいかな?」と聞いてみると、

「みんなの前で自分一人でプレゼンをするのが初めてだったので緊張しました。でも、前回ので慣れた気がします。機会をみつけてやってみたいです」と斉藤さんは答えてくれました。

彼女は、それから何度か講義中にプレゼンをこなし、発言もするようになりました。

presentation

プレゼンテーションをするという経験が斉藤さんに変化を与えたのです。

手と声が震える原因

「教授の話し方が下手で授業がつまらない」と不満をもらす学生が、つまらないプレゼンテーションをすることはよくあります。

その理由は幾つかあります。

プレゼンテーションの準備ができていないことに引け目を感じながらプレゼンテーションをする場合です。声が小さかったり、震えているような時は、準備が不十分で緊張していることが多いのです。プレゼンテーションの時間は、聞いてくれる人に何かを伝えるために、準備はしっかり行い、できる限り最善のプレゼンテーションを心がけていきたいものです。

準備はしっかりしているが、つまらないプレゼンテーションもあります。それは、原稿棒読みプレゼンです。手元には、準備してきたメモを持ち、手元の原稿をみながら、スライドを次のページへと切り替えるその瞬間だけスライドをみて、あとは手元のメモをずっとみて、話しているようなケースです。

手元のメモを読むだけのプレゼンは、録音された音声データを聞いているのとなんら変わりありません。

プレゼンテーションの機会があれば、嫌々でこなすのではなく、伝えるスキルを伸ばす絶好の機会だと捉《とら》えて臨みましょう。

私の講義では、プレゼンテーションについては、内容に関してのフィードバックと、プレゼンのやり方についてのフィードバックを受講学生全員で共有していきます。そうすることで、他の人からどのように見えたのかがわかり、次につながります。

プレゼンの改善法

プレゼンの内容に関するポイントは主に次の五点です。これはどのような内容のプレゼンテーションについても、大方あてはまります。

・プレゼンテーションの目的は明確に設定されていたか。

・先行する知見（専門知識や先行事例の結果）について十分に調べられていたか。
・個別事例の分析はできていたか。
・事例の分析結果を、独自の視点から解釈できていたか。
・分析結果をもとに、まとめができていたか。

内容については、フィードバックをする教員がレベルを設定して、それぞれのポイントの達成度をどこまで高めていくのかを調整することができます。

プレゼンテーションのやり方についてのポイントは、主に次の五点です。

・参加者全員に聞こえるはっきりとした声で発表していたか。
・参加者全員が理解できる声量で発表し、難しい場合には補足説明を加えていたか。
・手元のメモばかりをみずに、身振り・手振りを交えて発表ができたか。
・参加者の理解度を確認しながら、インタラクティブに進めることができたか。
・プレゼンテーションの時間を守り、時間配分は的確であったか。

ゼミなど専門的なところでのプレゼンテーションは専門知識の収集や分析など、高度な部分もあります。そのため、簡単ではありませんが、参加者の理解を確認しながら進める必要が出てきます。

何度かプレゼンテーションをやっていくと、次の三つの効果がみられます。

一つ目は、プレゼンをした本人の成長です。プレゼンをして、それ以前のプレゼンより下手になる学生は一人もいません。回数をこなす度に劇的に改善していく学生もいれば、少しずつ改善していく学生もいます。その改善スピードには個人差がありますが、回数をこなす度に良くなっていきます。

二つ目は、プレゼンテーションを聞いていた受講生の成長です。一緒に授業をとっている友人や受講生がプレゼンをしていきます。その様子は、教員が講義をするより、身近に感じられます。うまくいったプレゼンテーションは何が良かったのか。うまくいかなかったプレゼンテーションは何が悪かったのか。これを身近なプレゼンターから学び、その学びを自分たちのスキルアップに活かしていくことができるのです。

三つ目として、**聞く側から話す側へと学び方が変わることです。**この点が最も重要です。

プレゼンテーションをする講義のときには、誰もが事前に準備をします。教員が講義の準備をするのと同じように準備してくるのです。プレゼンテーションをしたことで、伝えることの難しさや、自分が話しているときにどのように聞いてくれているのか、それについてどのように感じるのかも経験することができます。聞く側から話す側へ立場が替わることで、講義への向き合い方も変わっていくのです。

プレゼンテーションを経験すると、日頃のディスカッション時の発言への抵抗も少なくなります。三人から六人でのグループワークでの発言機会も自然と増えていきます。

ディスカッション力を磨く

客員研究員として在籍していたオーストラリアのメルボルン大学の学部生は、講義とその講義についてディスカッションする講座をセットで受講していました。講義は数百名が受講しています。ディスカッションは一五名以下の少人数で、ディスカッションをファシリテートしていくのは、博士課程に在学中の大学院生です。社会福祉に関する科目のオブザーバーとして参加させていただいたのですが、このディスカッションの時間は有効な学びであるという確信をもつにいたりました。学生は、大規模講義を受講している間に、ディスカッションセッションでコメントするための質問やポイントをノートに書き残しているのです。聞いてその内容を書き写す受動的な学びではなくて、聞いた内容を理解し、疑問点を考え、質問やコメントを書き残す能動的な学びが習慣化されていくわけです。

書き残した質問やコメントをもとに、少人数でのディスカッションを行います。このディスカッションで大切なことは、考えたことを他の受講者に伝えていく点です。毎週、自ら考えたポイントを他の受講者に伝えますが、議論が広がることもあれば、逆に議論が盛り上がらない質問内容もあります。こうしたことを繰り返して、ポイントが洗練され、伝え方も磨かれていくのです。

グループワークでのディスカッション時の発言は、事前に準備できない場合もあり、十分な準備をしてのぞめるプレゼンに対して、より瞬発力が求められる違いがあります。

このディスカッション時の発言力は、変化の激しい社会に柔軟に適応できる人材として求められています。これにも、対応策はあります。

まずは、発言の回数を増やすことです。何度も発言していくと、発言の仕方も身につき、発言に慣れていきます。慣れることで発言への恐怖心がなくなります。

というのも、学生はけっして話せないわけではなくて、慣れていないだけなのです。自分に似た仲の良い友だちといるときや、彼氏や彼女といるときのプライベートな会話は弾みます。

廊下で楽しく話している学生が、教室に入ってくる直前にマスクをつけ、少人数演習で話すことを拒否して、九〇分を過ごす。こうした事態はまれにあります。それでは、なかなか発言する力はつきません。

もちろん、いきなり、三〇〇人を前にしたところでの発言は無理ですので、学生は自分の考えを複数人以上、三名から二〇名程度までのセミパブリックで伝え方を磨いていきます。

次に、発言に慣れてくると、どのようなコメントをするのかという中身を考えるようになります。発言の機会を増やし、より中身のあるコメントをしようとすると、知識のストックの必要性を感じます。自分の経験をもとに語るのも説得力はありますが、すべての問題に対して経験ベースで発言していくことはできません。自分ですべての経験をするには、時間的制限や経済的制限があるからです。ですから、関連する補足的な知識や情報をどれだけストックしていくかが、コメントの質を上げることに直接的に関わってくるのです。発言の機会を増やしていくことで、本や資料での知識収集の必要性を感じることができるのです。これは先の章で伝えたインプットの仕方ともつながってきます。

専門知識をもっている教員に聞いて学ぶ、耳学問も有効です。こうなると、学生たちは自ら知識を欲し、学習していくようになります。

教員が自分語りをしながら一方的に教えていく学びでは、発言力を養うことはできません。学生のスキルを伸ばしていくことを大切にするのであれば、教員が話す機会が少なくなるのが理想なのです。私は九〇分のなかでできるだけ、マイクを持たないようにします。必要以上の言葉を発しないようにも心がけます。教員が受け身にまわることで、学生が生き生きしてくるのです。

　これは何も理想を語っているわけではありません。私が在外研究に参加していたメルボルン大学やカリフォルニア大学バークレー校の大学院のゼミでは、ゼミが始まると担当の学生が課題論文のポイントを整理して、ディスカッション内容までまとめて話をします。それから各自が見解を述べていきます。それぞれの意見に対する賛成点や批判点など議論が白熱していきます。その間も、教授はその様子を黙ってみているだけです。

　九〇分のゼミの時間のうち、平均して七〇分ほどはゼミ生の議論が展開されます。残りの二〇分ほどがまとめの時間になるのですが、その時間になってはじめて教授がこれまでの議論の流れの整理や課題論文のポイントをまとめていきます。それでゼミ生は、自分の見解とのズレや重なりを確認していきながら、学びを深めていきます。

　ここには学びの理想の形があります。参加者全員が議論に参加し、議論をつくりあげていくなかで、学びを磨き上げていくのです。これは大学院のゼミの進め方で、大人数が受講する学部での講義とは異なりますが、いずれにしても、学生主体の目線で学びが進んでいくのです。この点は、日本の大学では決定的に遅れているところです。

鏡プレゼンで夢を叶《かな》えた女子学生

織田幸恵さんは、「将来は、アナウンサーになります」と大学二年生の時に自己紹介をしました。女子大生の多くが憧れる花形の職業です。そのため、倍率は極めて高く、アナウンサーになるのは非常に難しいのです。織田さんは宣言通りに某テレビ局から内定をもらい、現在もアナウンサーをしています。

織田さんが夢を叶えたのは決して偶然ではありません。織田さんは、毎朝、自宅の鏡をみて原稿読みの練習を積み重ねました。口がどのように開き、声はどの程度でているのか、聞こえやすいのか聞こえにくいのか、姿勢はいいのか、悪いのかを鏡を通して改善していくのです。

また、織田さんは、毎朝ニュースをチェックしていました。そうすると、どんなことが起きているのか、社会状況への感度も自然と高まります。大学の講義でも知らない知識をそのままにしないように、必死に吸収していくようになります。

学びは、知識を吸収していくインプットの行為だと思われています。教授の話を聞いて、ノートに書き写して、覚えるのが学びの主な体験だとされています。この見て覚えるやり方では、身につかないことは、みなさんも経験しているのではないでしょうか。学ぶ目的が自分のなかで明確にないと、学びはただの作業となり、まったく身につきません。

たとえば、自転車に乗れるようになった経験を振り返ってみましょう。自転車に乗れるようになりたい。これがシンプルな目的になります。自転車に乗っている様子をみているだけで、自転車に乗れるようになる人はいません。自転車にまたがり、バランスをとる練習を何度も何度も繰り返し、補助してくれる人からその都度アドバイスをもらいながら、コツをつかんでいきます。

ここに効果的な学びのヒントがあります。

つまり、**学びとは、インプットとアウトプットを相互に繰り返していくことで身についていくものなのです。**一人の教授が何百人の学生に知識を伝達していくのに、一方向的な教授法は都合がいいだけであって、学びの実践的な効果は極めて低いのです。

学びのアウトプットの方法はいろいろあります。知り得た知識や理論をもとにして、自分の意見を発言したり、資料にまとめてプレゼンテーションをします。ブログ、レポート、研究論文にまとめていくことも学びのアウトプットの一つです。
前提として、**学生時代のアウトプットは、暫定的なものでいいし、ツッコミどころ満載のものであって全然かまわないといえます。**もちろん、そうはいっても、最初からよりよいものにすることをあきらめていたり、間違っていることに気が付いたままでプレゼンテーションをしてもいいというわけではありません。

大切なのは、プレゼンテーションの機会を最大限に活かすために、調べることです。次に、その内容を伝えるために、プレゼンテーションの練習を何度もこなすことです。こうした準備のプロセスが、スキルアップにつながります。このアウトプットの学びは、社会に出てからの決定的に大事なスキルの一つです。どのような場面であれ、自分の意見をしっかりと持ち、その根拠を明確にして、端的に発言することが求められます。

アウトプットは苦手だと思う人も多いでしょう。その理由は明確です。学びの中で、インプットに充てる時間や機会が圧倒的に多く、アウトプットの練習が不足しているからです。たとえば、話のうまい先生や会社の社長は、話す機会をこなすなかで、アウトプットに慣れ、上達しているにすぎないのです。アウトプットの機会を増やすことで、誰もが間違いなくうまくなります。あとはどこまでそのスキルを高め、磨き上げていくかによります。

自分の未来に向けたプレゼン

「これから何をしていきたいのか。そのために、どんな計画を立てていくのか」ということについてプレゼンをしてみるのもいいでしょう。

私は、大学一年生の前期のタスク、後期のタスクをA４の紙一枚に書いてもらうワークを行います。ここでいうタスクというのは課題という意味より、社会に出たときに必要とされる取り組みに近い意味合いを込めて使っていきます。学生にとって課題は、与えられるもので期日までに提出するものという印象があります。そうではなくて、タスクは自らがむきあっていくべき目標を可視化する作業として位置付けていきます。

前後期のタスクが書けていることを確認してから、「では、二年次、三年次、四年次の個人タスクを書いていきましょう」と伝えます。多くの学生の筆が進まなくなります。

内容が難しいからではありません。習ったことのない公式を使わないと解けないからでもありません。そのように考えたことがないから、書けないのです。

じっくりとタスクを考えたいと感じる学生もいるようです。そうした学生が多いのであれば、「では来週までに書いてきてください。グループ内でそれぞれ発表しましょう」と一週間の時間を設けます。

ここで学生の思考の方向性が変わります。大学に入ることが目標だったけど、それで終わりではない。むしろ、これから自分で大学生活を創っていくのだという、明日を創る方向へと変わっていくのです。

こうしたワークを経験できる大学講義はまだまだ少ないのが実情です。

その中で一人の男子学生が「一週間ずっと考えてきました。悩んで悩んで、そしたら見えてきたのです。自分がやりたいことが明確に浮かんできました。僕はニュース番組のディレクターになります。地方を盛り上げる番組をつくっていきます」とプレゼンを通じて宣言しました。

その学生は宣言通り、ディレクターになり番組制作に携わっています。宣言したプランを達成したことが重要なのではありません。そうではなく、番組制作のディレクターになると自分の未来についてプレゼンをしたその日から、学生の大学生活の密度が変化したことが重要なのです。卒業式の朝に、「あのときのワークがなかったら、まだ迷っていたと思います。ほんとうにありがとうございました」というメールが届いた時はとてもうれしかったです。

迷っているとなにも身につきません。講義を受けていても、アルバイト先でも、目の前にいろいろと活かせる生きた情報があるのに、自分には関係ないものとして認識してしまうため、情報が素通りしていきます。個人のタスクを明確にするというのは、何をしていいかわからない迷宮から抜け出すきっかけになるのです。

アウトプットを習慣化する

学んだ内容をまとめる癖をつけ、できれば発信していきましょう。ただまとめる作業と、誰かの目にとまるということを意識してまとめておくのとでは、緊張感が違います。集中の深度が異なってくるのです。

今や、ソーシャルメディアやブログを無料で使えるので、発信する場所は誰もが持っています。自分の意見を書いてみましょう。教室の中では、受講学生の反応のみ得ることができますが、ソーシャルメディアやブログであれば、そのトピックに関心をもってくれる人がリアクションしてくれます。

発信することを癖にすると、脳内は劇的に変化します。聞いて覚えるインプット方式から、まとめて考えるアウトプット方式に変わるのです。やってみると誰しも感じると思いますが、聞いているだけでは身につきません。**誰かが読んでくれるというのを想定してまとめていくと、脳に刻み込まれ、記憶として残っていくのです。**

もちろん、発信することのリスクは忘れてはなりません。たとえば、twitter の匿名アカウントを使って、思ったままのことを投稿していきます。匿名であるからこそ、面と向かわずに不満や批判点も書いていくことができます。クリティカルな視点は大切ですが、悪口では困ります。気楽な気持ちで投稿していたアカウントを特定され、大問題になっているケースは珍しくありません。

ネットで発信するという行為は、基本的に、面とむかっても伝えることのできる内容であると考えてください。ネットだから好き勝手自由に発言できる、ネットだから許されるということはありえません。

プレゼンを趣味にする

プレゼンは誰でも最初は苦手です。はじめてのプレゼンの時には、声が震えてしまったり、手が震えてしまったり、脂汗をかいたりするものです。私もそんな苦い経験があります。頭の中が真っ白になるって本当にあるんだと、今でもその場面を思い出すと冷汗がでます。

しかし、不思議なもので二回目となると、初回と比べて驚くほど落ち着いてできるようになります。

この二回目のプレゼンは、音声や動画に残してプレゼン後に振り返れるようにしておくのがおすすめです。落ち着いた状態でも、言葉の言い回しが明確でなかったり、冒頭で、「え〜っと」という言葉を使ってしまうなど誰でも、癖があるからです。

二回目から三回目のプレゼンまでに、何度も練習を重ねていきましょう。プレゼンというのは、伝え方・表現のスキルになりますから、プレゼンの内容が変わっても、回数を重ねていくごとに着実に上達していきます。

三回目をむかえた頃から、プレゼンを少しずつ楽しめるようになるはずです。自分の意見や考え方、まとめたことをみんなに伝えることができるからです。当然、そのフィードバックももらえるようになります。

プレゼンのことになると内田信幸君のことが頭に浮かびます。彼は今、社会人として全国を飛び回り活躍しています。内田君は入学してくると、一年生のときから自主的にゼミに参加するようになりました。最初に、自己紹介をかねて三分ほどの時間をとりました。

うまく自己紹介できているなあという印象だったのですが、ゼミが終わると「来週も五分だけでいいのでお時間ください」と言ってきたのです。

翌週を迎えると、それまでにプレゼンの方法について調べて、その内容をプレゼンしました。もちろん、そのときもプレゼン自体は荒削りのものでしたが、内田君はそれから毎週、二、三人を集めて昼休みにプレゼン練習会を、自ら行っていったのです。三年生になる頃には、後輩のプレゼンに的確なアドバイスをするまでにスキルを伸ばしていきました。毎週のようにプレゼンをしていく内田君をみていて、彼にとってプレゼンは趣味のようなものだなと感じました。

プレゼンというのは、特殊なスキルではありません。練習を重ね、毎回のプレゼンを振り返り、改善を重ねていけば、誰でも上達していきます。

受講している科目にプレゼンの機会がなければ、内田君のように昼休みにでも自主プレゼン練習会を開いてもいいですし、織田さんのように鏡にむかってプレゼンを練習するのでもいいのです。どこまでプレゼンを自分のものにしていくかは、あなた次第です。練習を重ね、プレゼンを極めていってください。

プレゼンの改善を日頃から意識していると、大規模講義の教員の講義の仕方の特徴や癖にも気が付くようになります。

そこまでくれば、しめたものです。

第三章　論文を磨く秘訣《ひけつ》はチームワーク

生き方を磨くチーム

二〇〇八年四月に、法政大学に着任した私は、ＴＴＣを立ち上げました。ＴＴＣとはTanaka Traning Campの略称で、通常のゼミナールの活動を最大限に活かす集団を創り上げていくことを目的とした集まりです。

ＴＴＣでの私の役割は教員ではなく、アカデミックトレーナーです。ここでいうトレーナーとは、トップアスリートに科学的分析から的確なアドバイスを加えるコンディショニング・トレーナーをイメージしています。このトレーナーの役割に着想を得て、大学教育の現場でアカデミックなメニューの開発、実施に取り組むトレーナーをこのように呼ぶことにしました。

アカデミックトレーナーとして大切にしていることの原点は、私のテニスコーチ経験にあります。

　大学時代からアルバイトでテニスコーチをしてきたので、かれこれ二二年になります。私は今でもテニスを教えていて、子供や一般の大人にも教えています。テニス技術を向上させる近道は、ボールを打つことです。うまい人のショットを何度見ても、うまくなることはありません。ただ、自分の思った通りに我流で打っている人も、いつまでたってもうまくなりません。打ちながら、細かなポイントを伝えていく必要があるのです。ラケットの面の向き、ボールの捉《とら》え方、力の入れ方・抜き方、タイミングの取り方など、一番、修正効果の現れるポイントを指摘し、ラケットの動きもみせたり、ラケットを一緒に握って確認したりします。

　実際にやりながら、その場で調整していくことが上達の法則なのです。コーチというと、技術を教え込むというイメージをもたれやすいので、実践のなかで整えていくというコンディショニング・トレーナーがより私のやりたいことにフィットしたわけです。

　大学の学びも全く変わらないと私は思います。

話を聞いているだけでは身につきませんし、我流でやっていても向上しません。そのため、実践のなかで、学んでいくそのような場や学びのコミュニティをつくることに取り組みました。

ＴＴＣは二年生の後期から所属することができます。他のゼミ選考と同じ時期に、選抜期間を設けています。ＴＴＣで何を学びたいのか、志望動機書とＴＴＣへの事前参加のコミットメントからの評価と、必要であれば、面接を実施して選抜します。

一学年一〇名から一四名程度が在籍しています。毎週の活動では、三学年が揃《そろ》い四〇名弱が一堂に集まります。

ＴＴＣではミッションを、明確に定めています。それは国内外での様々な業界でグローバルなリーダーシップを発揮することのできる次世代人材を一人でも多く輩出していくことです。

メンバーは、広くメディア業界、大手広告代理店会社（インターネット広告会社を含む）、金融大手、一般企業へと進出する次世代キャリア組と、国内や海外大学院進学を希望するアカデミックキャリア組、元Ｊリーガーなど国内のトップアスリートのセカンドキャリア組から構成されます。

ＴＴＣはミッション遂行にむけて、意識的かつ戦略的に組織プログラムを用意して、マネジメントしています。その中でも大切にしていることは、「学年の壁」を壊すことです。この学年を越えた学びを二つの方向へと広げていきます。

一つは、「現役と卒業生との恒常的なネットワーク」を構築していくことです。もう一つは、ＴＴＣ自体は、誰でも参加できるオープンな場にしていくことです。

教室での学びと社会での学びの大きな違いは、教室での学びは学年によって分けられているということです。一方的に話を聞く大規模講義では学年での区切りはありませんが、小学校から高校までの学びはすべて学年によって分けられています。

学年で分けることは、学習の進捗を均質化させるという利点もあります。ですが、学力や学習の進捗状況はまちまちであり、年齢でのクラス分けではなく、理解度でのクラス分けのほうが教育効果は高くなります。義務教育の現場にそれを求めるのは酷ですが、大学のゼミでは学年を越えての学びが可能です。

また、現役生と卒業生との常日頃からのつながりをつくっていくことを大切にしています。法政大学は市ヶ谷にあり、立地上のアクセスの良さには恵まれており、都内に就職している卒業生も、毎週一人か二人はＴＴＣに顔をだしてくれます。ＯＢ・ＯＧ訪問をして、会社の様子をうかがうのも貴重な機会ですが、働くリアルを本音で語ってくれる先輩と対話できることが何よりの学びとなります。

学びの場はオープンにする

ＴＴＣは、誰でもゲストとして参加ができます。毎年、青森から引率の先生とともに高校生がＴＴＣに参加しにきます。社会人も参加可能です。時間帯が夕方なので仕事の忙しい方の参加は難しい部分もありますが、都合がつく方は誰でも参加が可能です。

高校生にゼミを開放していくと次のような効果がみられます。高校生に大学生がゼミの内容を丁寧に伝えていく、教えていくというのは、受け身としての学びより、教える側として学ぶことになるのです。そうするとゼミ生のファシリテーション能力の向上にも効果があります。

他に意識しているのが教室の空間づくりです。毎回のワークの内容に適した形で机や椅子を配置します。机を二つあわせて島をつくり、四人から六人でグループワークをす

るときもあれば、椅子だけを用いて一つの円をつくり全体でディスカッションをしていくときもあります。ちょっとした手間ですが、最適な空間づくりをしてからワークに入るようにしています。

ＴＴＣのメニューは、一回限りのゲスト参加でも議論に参加できるように単発のものを用意しています。具体的には、①一六時五〇分から一七時四五分までをＴＴＣ生によるワークの時間にあてています。この時間に何をするかは、幹部のメンバーが事前に決めていきます。ＴＴＣの共同プロジェクトを決めたり、グループワークやプレゼンテーションを行っています。②一七時四五分から一九時までは、課題英文のディスカッションを行っています。英文の選定は私が行い、三週間前にはfacebookのＴＴＣグループにそのＵＲＬを投稿しておきます。参加者は、ＵＲＬにアクセスして、英文をダウンロードします。ゲスト参加者も、事前に連絡があればこのＵＲＬを伝えますのでダウンロードしてきます。

英文のテーマは、生き方のデザインに直接関連する、キャリア理論に関するものから、社会動向の変化を読みとくグローバルな社会問題にかかわるものを読んでいます。

英語の論文をみんなでディスカッションする狙《ねら》いは、将来、国内外を問わず、活躍していくためには英語が必要であるからです。一人では継続できなくても、集団なら継続できるものです。それでもじっくり時間をかけて読み込んでくるTTC生もいれば、冒頭部分をさらっと読んでくるだけのTTC生もいます。

読み込みの程度については私からは特に何もいいません。ですが、六人程度のグループで英文内容をディスカッションするので、読んでこない学生は発言できず、気まずい思いをします。

英語が苦手であれば、できるだけ時間をみつけて少人数で集まって英文を読んで対策する自主的な勉強会が開かれるようになります。こうして二年半継続すると、一年間で二六本、卒業までに六五本の英文を読むことになるので、英文を読んでディスカッションをする十分な英語力が自然と身についていきます。

TOEICのスコアでいえば、TTCに入った時には四二〇点だったのを、卒業時に八九〇点まで伸ばし、現在は大手航空会社の客室乗務員として英語を日常的に使い、国際便乗務をこなしている人もいます。卒業と同時に海外で仕事を始める人もいます。

英語を武器にしていくと、グローバルなシーンでの生き方をデザインしていく可能性が広がっていくのです。

留学経験で何を得るのか

グローバルな世界へと飛び出した例もみておきましょう。ＴＴＣ生の岡崎浩太《こうた》君は、大学を休学してアメリカのボストンに一年間留学しました。留学先では学部の授業に参加したそうです。留学の様子を振り返ってもらいました。

「朝起きて、受講クラスの準備をして宿題のリーディングをこなしていると、一日が終わります。一日中、勉強に打ち込みました。毎日があっという間でした。クラスでは、授業への参加として、発言が義務付けられている感じで、発言しなければ欠席とみなされるような環境でした」

授業の課題をこなし、出席して発言をして、ホームステイ先でもすべて英語のみで生活をしていく。そうした中で、岡崎君の学びが変わっていきます。

「ボストンでの講義は、自分がこれまで確立してきた勉強の仕方を見直す機会を与えてくれました。誰も勉強方法までは教えてくれません。試行錯誤の連続でした。自分で打開するしかない状況で、失敗を何度も積み重ねました。何かをつかみかけてきて、英語ですべてをこなすことにも違和感を感じなくなってきた頃には、前期が終わっていました」

岡崎君が受講したコミュニティ学では、コミュニティの生起における理論を宿題と課題の中で身につけ、教育上における貧困問題に取り組むNPO組織と、共同でイベントやプロジェクト運営などを手がけてきました。コミュニティをつくるとは一体どういうことなのか、学んだのです。

「学んだ知識が、頭の中でつながり、身体中にしみ込んでいきます。学んだ知識が無駄にならず、コミュニティに還元されていきます。学んだ知識をフル活用することが、社会のためになるのです」

後期に入ると、岡崎君は実践的に学びを深めていきます。地域の問題を解決するNPOにインターンとしてコミットするようにもなりました。このインターンの経験を社会学的な視点から理論的に分析するプログラム、プロポーザル・ライティングのスキルを学ぶライティングのクラスと組織論を学ぶクラスを受講しました。この三クラスの学びが岡崎君の中で繋《つな》がっていきます。クラスや課題を通じて、知識を蓄え、インターン先でその知識を存分に発揮することができます。

「単純に**知識を蓄えるのが好きになりました。**蓄えれば蓄えるだけ、自分の活動範囲が広がります。それだけではなく、チャンスにだって恵まれるようになります。なので、知識の獲得に多くの時間をさきました。無駄にしないように、活用できる場を自分で設けました。いつの間にか、だいぶ遠くに来たような感覚を覚えるほど、成長することができました」

知識を収集していくことが、生きていく上でも役に立つということを岡崎君は経験を通じて学びます。

「アメリカにいた時、自分のやりたいことにはすべて挑戦しました。どんなに無謀だと思っても、挑戦しました。正直、英語がインターンレベルにまで達していなかったとしても、やりたかったのでやりました。結果、やっていくなかで英語力が著しく伸びました し、英語ができないなら自分のやれることをできる限りやって、たくさんの経験や機会をいただきました。その経験があるから、今やどこへ行ってもやっていけるという自信があります」

「留学前の「夢」はいつの間にか「夢」から「やりたいこと」に変わっていました。「やりたい」から到達点までの道のりを見極め、必要なもの、ことをこなしていく。時間はかかるだろうけど、不可能ではない。留学中に、こなしてきた数々の成功と失敗が経験値となり、「やりたいこと」の実現へと導く。それはちょうど、「この選択をしたら、こういった結果になって、うまくいかない。なら、違う手でやれば成功するな」といったふうに、先読みの感覚を研ぎ澄ませてくれる。だから、今は何の不安もないです。この先の人生、「やりたいこと」に挑戦し、達成できるかと思うと楽しみで仕方ないんです」

岡崎君はボストンで学びの意義を体感し、飛躍的な成長を遂げています。環境を変えることで、成長のスピードがあがるのです。

価値観が変わる海外での学び

三年生からニューヨークに一年間留学した富永利香さんは、帰国直後に「一番の変化は、自分の夢に対して貪欲になったことだ」と振り返ります。富永さんは留学前から講義には毎回出席し、受講態度も真面目な学生でした。それでも、講義の中ではまわりの学生にあわせて、他の学生が発言しないときには、発言を控えるという学生でした。

ニューヨークの講義では、「授業中は発言しないと始まらない。先生に対しても直接意見をして、それが認められていく」アメリカ的なスタイルを身につけていきました。

留学前と価値観も大きく変化させていきます。

「あなたの人生なんだから好きなように生きなさいよ!」とルームメイトに言われたことで、目が覚めたといいます。それをきっかけに、富永さんは、行動に責任と自信が生まれるようになって、自分の軸を大事にするようになっていきます。

周りの視線を気にせず、やりたいことを自由に選択し、好きな場所で、信頼できる人と、時間を過ごしたことが大きな経験となったのです。メキシコ、ドイツ、韓国、スロバキア、チリ、フランスの友人もできたとのことです。

「友人と過ごして、いろんな地域の文化を知って、将来、こんな人たちの懸け橋になりたいな、と思うようになりました。日本の良さをもっと知ってもらいたいとも感じました。そんな考えから、将来日本の良さを海外の友だちに知ってもらう、そんな文化交流の柱になりたいと考えるようになりました」

留学を経験した方の中には、数カ月や一年ぐらいの留学は意味がないとおっしゃる方もいます。それぐらいの期間では、英語のさわりしか身につかないし、たいした成長経験にはならないという見解からです。

私はそうは思いません。

数カ月でも意味があると思っています。英語を身につけるためにはそれなりに時間がかかりますが、大切なのは、**異なる環境に身をおくという経験がもたらす変化です**。現地の大学や教育機関で学ぶことができれば、学び方の姿勢を学べます。そうした経験が、帰国してからも成長のサイクルの原動力となるのです。

私はゼミ生に、海外経験を積むことを推奨しています。気心の知れた友人との海外旅行でもいいのですが、可能であるならば、数カ月から数年と海外に住んで生活しながら学べるとよいでしょう。

慣れ親しんだ環境の中で向き合い方を変えることは難しく、人は慣れ親しんだ環境を無意識的に選びます。それに対処するためには、見慣れた生活環境から移動し、空間をかえることが大切なのです。

これは海外留学に限ることではありません。国内でこれまで訪れたことのない場所に、自転車、車、電車、船、飛行機、自らの足をうまく組み合わせて出向いてみる。被災地での清掃や炊き出しのボランティア活動に参加したり、どんなことでもいいのです。

インターネットで検索するのとは違い、身体のリアルな移動には、費用が発生します。原則的には、移動距離が遠くなれば、時間もかかりますし、それだけ費用が嵩《かさ》みます。その分、それ以上のリターンが確実にかえってくるのです。良くも悪くも、人は誰しもまわりの環境に影響を受けて生活をしています。その環境での経験の蓄積が人の価値観や行動の拠《よ》り所になります。

知識重視の受け身学習も、この国の教育環境の産物です。この学習が学びだと疑いなく過ごしてきているので、そこから脱却していくことはなかなか難しいのです。そんなときには、異国の教育機関で学ぶことが特効薬になるのです。

書くことを軽視しない

日本の大学の話にもどしましょう。講義やゼミで学生を見ていると、多くの学生が書くことに苦手意識を持っています。その理由は、プレゼンテーションと同じで、これまでの経験が少ないためです。常日頃からSNSでは文字でのコミュニケーションをしてはいるものの、まとまった文章を書くとなると難しく感じるようです。

高校までの教育と大学の教育の決定的な違いは、**膨大な量のレポートを書くという経験を積むこと**にあります。二〇〇〇字から四〇〇〇字のレポート（この本ですと一〇ページ分ぐらいの分量です）が課せられることもあります。そうであるので、レポートを書くという作業から、書く力を磨いていきたいものです。

レポート課題は、それぞれテーマが設定されているのが通常なので、そのテーマに沿って論理的な記述を心がけていきましょう。テーマが設定されているとしても、レポートを書くうえで、最も大切なことは、問いは何であるのかを明確に定めることです。

私が担当する社会学の講義では、「現代社会に生起する社会問題を一つとりあげ、その生成経緯を分析し、社会問題を解決していく具体案を記述せよ」というレポート課題を出したりします。いきなりこの問いに向き合うと難しく感じるかもしれませんが、これまでの一四回の講義で様々な社会問題をとりあげ、ディスカッションを重ねてきたうえでの課題となります。毎回の講義で力をつけてきた学生にとって、それほど難しい課題ではありません。

ただし、このレポートを執筆していくには、問いを定める必要があるのです。問いの立て方は、①いつからそのような問題が生じたのか、②なぜ、そのような状況になっているのか、③同様の事例はほかにどれぐらいあるのか、④いかにしたら、その状況を打開できるのか、という四つの視点をヒントに、一つ絞り込んでいくと浮かび上がってきます。

身近な社会問題であれば、アルバイトの労働現場などが思い浮かぶでしょうか？　もちろん、アルバイトの労働現場のすべてが、社会問題となるわけではありません。賃金の未払い、残業の強要、劣悪な条件下での労働を強いられるようなアルバイトの現場は、社会問題の一つとして取り上げることができます。

あなた自身がそのような経験をしていたり、友だちがそのような経験をしていれば、より具体的な問題になります。あなたが経験していることは、この国のどこかで、あるいは、世界のどこかで、同じような経験をしている人がいます。個人的に感じられる問題も、社会問題たりえるのです。

個人的な関心や経験と社会的な動向との関係性を常日頃から意識していくようにしてください。これが問いを洗練させていきます。

卒業論文は大学生としての集大成

講義の課題として数千字のレポートを書いていきますが、卒業論文は、これ以上に分量も多いので、今までの二二年間のすべてを注ぐつもりで向き合っていきましょう。

文系の学部で個人研究として卒業論文を書く学生は、自分でテーマを設定できると思います。理系の学生で研究室の共同研究や実験から卒論を書く場合には、共通のテーマ設定の中で分析をすすめていきます。

ここでは、個人でテーマ設定ができる場合について、より詳しくみていきます。卒業論文も問いをみつけていくところから始まります。TTCでは個人で卒業論文を執筆することをルールとしています。

テーマ設定に必要なのは、日常生活を過ごすなかで目の前でおきた現象のなぜ？　に関心を持つことです。この「なぜ？」の疑問は二つにわけることができます。一つは、自分が関わっている集団のなぜ？　を考えることです。もう一つは、自分は関わっていない集団のなぜ？　を考えることです。集団をベースに考えるのは、社会学の見識をバックボーンに考えているからです（説明を忘れていましたが、私の専門は社会学です）。個々のいかなる行動や考えも、その個人の依拠する集団の影響を必ず受けているものだからです。

さて、自分が関わっている集団のなぜ？　は、実は関わっていない集団のなぜ？　より難しいというお話をします。たとえば、サークルの集まりを例にしてみましょう。大学に入学し、サークル活動を始める学生も多くいます。サークル活動の打ち上げでは、飲みを強要するコール（声かけ）がかかることがあるようです。そのコールがかかっているときは、手持ちのグラスに入ったお酒を飲み干さなければなりません。お酒の勢いをかりて、その場は盛り上がります。サークルでの飲み会では毎回、上級生がコールをかけ、下級生が飲むことが繰り返されています。これをずっと続けています。

　自らが上級生となった時には、自然とコールをかけるようになります。そうして、サークルという集団に馴染《なじ》み、そこで求められる行動を身につけていくようになります。そのときに、たとえば、「なぜ、コールで飲みを強要するのか」という問いを思い浮かべることはできるでしょうか？　自分が日頃から関わっている集団であたりまえとされている行動に疑問を持つのはなかなか難しいことです。

　もちろん、これは社会においても同じです。働き過ぎて、うつ状態に陥り、結果的に自ら命を絶ってしまったというニュースを耳にします。これも、自らが関わる職場に慣れていく過程で、その集団のあたりまえに疑問をもてなくなってしまったことがもたらす悲劇なのです（もちろん、疑問は常日頃から持っていたのだが、集団の圧力でそれを口にだすことができなかったということもあると思います）。

自らが関わる集団のなぜ？　を問いに立てることができる人は、自ら関わる集団であるからこその強みを活かしていくことができます。以前に指導した学生の卒論で、自分がアルバイトのスタッフとして働いたディズニーランド、スターバックス、ユニクロの三社を比較して、三社の働きがいを分析しました。本人が職場で働いていたという経験は分析の強みになります。

働いていたため、社員や他のアルバイトとすでに信頼関係（ラポール形成）ができているので、インタビューもより中身のあるものになります。この論文では、働いていたアルバイト先が三社あったことも、それぞれの職場環境を比較する上で役に立ちました。

自らが関わらない集団のなぜ？　であれば、自らが関わる集団の場合より、明確な問いとして立ち上がると思います。なぜ、そのような行動をするのか、なぜ、集まるのか？　といった素朴な問いから始めることができるからです。理解できない、わからないという疑問を問いとして立ち上げることで、論文を書き進めることができるのです。自らが関わらない集団のなぜ？　は社会に対する好奇心とも重なっていきます。

問いをキーワード化する

自分なりの問いがみつかってきたら、その問いを幾つかのキーワードに置き換えていきます。この置き換えは個人的な問いを、学術的な問いへとつなげていく上で、重要な手続きになります。

先にみたディズニーランド、スターバックス、ユニクロの三社の働きがいを比較する卒論では、「アルバイトや従業員が楽しそうに働くのはなぜか？」というのが最初の問いでした。

この問いから幾つかのキーワードをあげていきます。アルバイトや従業員の働き方というのは、雇用、職場、労働、といったキーワードに置き換わります。次にこの卒論の魅力の部分に関わる、楽しそうに働くという言葉を置き換えていきます。そこで楽しそうに働くというのを、アルバイトや従業員が業務内容に納得して働いていて、その満足度が高いからだと判断しました。そうした視点で考えていくと、「インターナルマーケティング」というキーワードがこの問いを置き換えるのに適した用語であることに気がつきます。インターナルマーケティングとは、従業員や組織内へのマーケティングの手法を指しています。さらに、三社の産業特性からサービス産業というのもキーワードに据えました。

そうすると、「アルバイトや従業員が楽しそうに働くのはなぜか?」という個人的な問いを学術的な問いへとつなげるのに、「サービス産業、インターナルマーケティング、雇用、職場、労働」がキーワードになることがわかってきました。

その後、この学生は調査と分析を続け、「サービス産業におけるインターナルマーケティングの実態と課題」(『生涯学習とキャリアデザイン』第一一巻二号、法政大学キャリアデザイン学会)という論文をまとめました。

関連文献を選定し吟味する

個人的な問いをキーワードに置き換えることができると、関連文献を探し出すことが可能になります。キーワードを一つ、二つ使い、検索していきます。論文を探すのに、キーワードにPDFという言葉を付け加えていくと、より的確に論文にヒットしていきます。

ここまでの「問いを掘り下げ、関連する文献を収集する」というステップをクリアすると、次のような質問にぶつかります。

「関連文献がありすぎてどの論文を読んでいいのか。それとも、すべての論文を読まないといけないのですか」

これは講義レポート、卒業論文、学内懸賞論文、これらのどの執筆作業においても、学生たちが直面する問題です。そこでのアドバイスは、専門学術雑誌に掲載されていて、比較的年度の新しい論文を二、三本選定し読み込み、その際に、論文の最後にまとめられている参考文献表をチェックすることです。

参考文献表は、その論文を書くのに執筆者が参考にした書籍や論文であり、それらのリストの中から、必読文献がみえてきます。より短時間に必読文献を見つけ出したい時は、収集した論文の参考文献表をみて、いくつかの論文にあがっている同一文献にアンダーラインをひいていきます。すると、年代が古いところに、その専門的な問いの核となる古典的文献がみつかります。その後、時代を追って、関連領域で蓄積されてきた論文を見つけ出すことができます。

関連領域の研究蓄積をまとめた、レビュー論文をみつけ、一通り読むことでも、〈私〉の経験的な問いを、より専門的な問いへと磨き上げていくことができます。

方法を選び、深める

問いを磨き、キーワード検索により、関連文献を読み込んでいくと、どのようにして事例を対象化し、分析していくかという「方法」も考える必要があります。この方法というのは、問いを明らかにしていくための手続き、作法といったものです。特に社会学においては、①資料調査法、②量的調査法、③質的調査法、の三つのアプローチがあります。

この三つの方法を順番に解説していきますね。

まず、資料調査法についてです。資料とは、ドキュメンタリーや自伝をまとめた書物、故人の日記や歴史書、最近では、ブログ、ホームページのインターネット上での記事や、twitter、facebookなどのソーシャルメディアでの発言なども、資料調査のデータとなります。

資料調査法とは、関連資料を徹底的に調べ、分析していくことであり、いかなる研究においても不可欠な手続きであるといえます。それ以上に、資料調査法の強みは、会ってインタビューなどを実施できない歴史上の人物や、健在ではあるが海外在住であったり、立場上会えない人の経験を、すでに文字化された資料によって分析していくことが可能である点にあります。

故人などを対象にした資料調査法であっても、できれば、その人物にまつわる人々への聴き取りを重ねていくことで、故人の生前の生き様を浮かび上がらせていきましょう。というのも、研究を遂行していくプロセスそれ自体にも、様々な発見や成長があり、それは過去を対象にした問いであっても、現在へとつながる時間軸の中で問われるのが望ましいからです。

次に、量的調査法についてです。量的調査法は、明らかにしたい問いの実態を測定するために「調査票」を作成し、それをもとに調査を行います。そこで得られた調査票の回答をもとに、エディティング（editing）とコーディング（coding）を経て、コンピュターにインプットし、データ化を行います。それをもとに、統計的に集積・分析した結果を解釈し、文章化を行います。

具体的には、調査設計、調査実施、調査分析（データ入力、集計、結果分析、仮説の検定）、一般化命題の構成、調査報告書の作成、調査成果のフィードバックという調査の手順をとります。

調査票の質問項目の明確化（言葉使い、質問の誘導性、質問数、配列など）について事前に入念に検討することが注意点です。量的調査法は、調査票の形でデータを集積してから、Excel, SPSS, STATA など計算ソフトを用いながら統計データを分析し、その後、検定を行います。その作業ははじめて取り組む人にとっては難しく感じられるでしょう。良き先輩に習いながら、一つひとつの課題をクリアしていくのが習得の近道となります。

最後に、質的調査法についてです。質的調査法は、個人や集団を対象として、その主体的な経験を見たり、聞いたりして、丹念に分析していきます。個人を対象とする際には、インタビュー法を用い、集団を対象とする際には、フィールドワーク法を用いるのが最適です。

具体的には調査対象の検討（インタビュー対象の選定）、調査方法のプレ実践（下調べ、質問票の作成と精査、模擬インタビュー）、調査計画書の設計、調査実施（インタビューアポ取り、当日のインタビュー実施）、調査のまとめ、調査成果のプレゼンテーション、調査報告書の作成、調査成果のフィードバックを行っていきます。

やや専門的な話になりますが、集団に関心をもち、その集団に自ら関わりながらフィールドワークを行い、そこで得たデータを分析していくエスノグラフィーという手法があります。エスノグラフィーでは、〈私〉を問いの基軸に据え、身近な対象から国内外の社会事象を幅広く対象とし、研究を進めていきます。

調査は学びの宝庫

ここでは私の問いの立て方や調査の進め方の一部を紹介しておきます。私自身も、道を歩いて感じたこと、見たり話しをしたりしたことなど、日常での経験からふとしたときに湧《わ》き上がる気づきや疑問を専門的な問いへと引き寄せていくことを続けています。個人的で経験的な問いから専門的かつ社会的な問いへとブラッシュアップしていきます。

二〇〇八年の三月に米国から帰国したときに、私は、街中のファストフード店舗の乱立ぶりに、改めて日本のすごさを感じ、同時に違和感も抱きました。

系列店舗は、このエリアに何店舗あるのだろう？　店舗の中では、いったい何人の人が働いているのだろう？　どのような人たちが働いているのだろう？　一店舗には、一日に何人の顧客が訪れているのだろう？　店舗の売り上げはいくらだろう？

これらの問いが頭の中をかけめぐります。いろいろな問いが出てきて、収拾がつかないこともあります。そのため、その中でも一番、突き詰めていきたい問いを定めていきます。問いの優先順位をつけていくのです。

私は「外食ファストフードチェーン店のマネジャーの人たちは、いかにして働いているのか」を明らかにしていくことに問いを絞り込みました。「外食産業、店舗管理職、労働」というキーワードに、問いを置き換え、関連情報や関連文献を収集していきました。情報収集をしながら、問いを磨き上げていく段階で、ヘンリー・ミンツバーグの『マネジャーの仕事』（白桃書房）という研究成果に出会い、その本を読み込み、分析しながら、二〇〇八年の七月から先行調査と本調査を行いました。

外食ファストフードチェーン店のマネジャーの人たちの働き振りを解き明かしていくことを問いにすえたので、店舗の外側から産業構造や市場規模の変化を分析したり、全国で働く店舗管理職の人にアンケート用紙を配布し、その働き方を調べるという量的な方法よりは、店舗の内側へと迫り、働き方や経営面でのあらゆる局面を浮かび上がらせていく質的な方法を選択しました。その中間的な成果を「外食ファストフードチェーン店舗管理職の仕事」という論文にまとめていきました。その後、加筆と修正を加えていって、『丼家の経営――24時間営業の組織エスノグラフィー』（法律文化社）という本になりました。

大事なことは、方法ありきではないということです。問いがあり、それに関連して蓄積された先人たちの研究があります。それらをヒントにしながら、その問いを解き明かすのに最も適した方法を選択していくのであり、場合によっては方法を組み合わせて構築していくのです。質的調査法は、日頃から人と話すことが好きであったり、社会集団に関心を持つ人であれば、調査の行程それ自体を楽しんでいくことができます。問題はそこで得た生の語りのデータをどのように分析していくかに頭を悩ますことがあります。

そのあたりについては質的な調査法の手続きについて記した著作や、質的な調査を行っている先輩からコツを聞きながら、作品に仕上げていくのがおすすめです。

生き方のヒントを探すキャリアヒストリー法

キャリアモデルに関連して自分の生き方をデザインするためにおすすめな方法についてより詳しくみていくことにします。その方法とは、質的調査法の一つであるキャリアヒストリーインタビュー法（以降、「キャリアヒストリー法」と表記）です。

キャリアヒストリー法とは、質的調査法の中でも、一回に数時間のインタビューで行うことができ、調査への労力や費用負担などが他の方法と比べて軽く、効率的に調査が実施できます。

キャリアヒストリー法の出発点で、大切なことは誰にどんなことを聞きたいのかを、定めていくことです。インタビューの質問内容はある程度の方向性がみえていれば大丈夫です。

私は社会調査法の講義科目の中でこのキャリアヒストリー法を受講学生一人ひとりに

実施させています。まず、インタビューしたい相手の候補を三人あげてもらいます。それぞれの候補に対して、どんなことを聞いてみたいのか、インタビューする理由についても書いてもらいます。

インタビューする理由に、直接質問していく内容と、インタビューを通じてその先に考察したいことが明確にみえていれば、インタビューの準備に入っていきます。

このとき著名人をインタビューの候補にあげている学生の多くは、マスメディア上で喧伝《けんでん》されるイメージに関心をもち、物見遊山的な関心が強いです。インタビューを依頼しても、スケジュール調整が難航したり、事務所からインタビューの許可が出ないこともあります。候補としてあげたのであれば、インタビューの趣旨説明やアポイント取りの連絡を入れるように学生には促していきます。

アポイントが取れないという結果でも問題ありません。話を聞いてみたいという気持ちに忠実に、アポイントを入れる、その間、担当者とのやりとりも立派な経験となります。著名な元プロ野球選手にインタビューのアポイントを取り付け、引退後のセカンドキャリアに肉薄した優れたキャリアヒストリーをまとめあげた学生もいます。

歌手の方にインタビューをして、所属事務所のマネジャーを通してインタビューのアポイントを打診し、インタビューを実施した学生もいます。その歌手はその後、リリースした曲が爆発的に売れて、今は誰もが知る歌手として活躍しています。インタビューを依頼するタイミングというのは大きな要素でもありますが、インタビューが実施できなくても何ら損をすることはありません。インタビューを実施することができたというケースが何例もあるのですから、挑戦してみる価値は十二分にあります。

著名人と並んで多く候補にあがるのが、高校時代までの恩師へのインタビューです。大学進学に至るまでサポートしてきてくれた先生や、クラブ活動の顧問など、インタビューという機会を通じて改めて恩師の歩みや考え方に触れることができます。私が担当する社会調査法では、将来、教職に就きたいというキャリアプランをもっている学生にのみ、恩師へのインタビューの実施を認めるようにしています。

上記のような例はありますが、私はキャリアヒストリー法の調査対象者を選定する際に、「(著名人や芸能人などの)雲の上のキャリアモデル」でも「(恩師や家族など)身近なキャリアモデル」でもない、「手が届きそうで届いていないキャリアモデル」を見つけだすことをすすめています。

学生生活の早い時期に、就職してみたい企業で数年働いている比較的世代の近い社会人や、NPOなどのコミュニティで地域に根ざした活動に取り組んでいる人など、「手が届きそうで届いていないキャリアモデル」を見つけ、会って話をしてみてほしい。

こんな風に働いてみたいな、こんな生活をしてみたいなと憧《あこが》れを抱くキャリアモデルを探し、インタビューのアポイントを取ります。インタビューの当日は、緊張した面持ちで挨拶を交わし、その後、自己紹介を済ませ、用意した質問項目をぎこちなく投げかけていきます。そのやり取りの中で、「ハッとする」言葉に出会うことになるでしょう。

その一瞬を逃さずに、事前に周到に用意した質問項目に縛られすぎずに、深く掘り下げてインタビューしていけるかどうかが、キャリアヒストリー法の肝心な部分です。

生き様を文章で再現していく

数時間のインタビューを実施、その後、その音声データを文字化し、報告書にまとめていきます。調査データの収集と音声データの文字化作業までは、比較的スムーズに行うことができるでしょう。
それを成果報告書にまとめ、公開していくという段階になると、分析は一筋縄ではいきません。被調査者の語りに向き合い、慣れないながらも一つのキャリアヒストリーを形に仕上げていきます。この一連のプロセスが、調査した学生にとって、大きな成長をもたらしていきます。二〇一二年に本学部を卒業し、現在は、新卒の社会人として活躍する中野友里江さんは、一年生のときに実施したキャリアヒストリーインタビューで次のような感想を記しています。

インタビューに伺い、私は初めて仕事に対してたのしさを感じている方に出会った気がしました。そのことに純粋に感動し、うれしく思いました。幼いころ描いていた「将来の夢」は大きくなるにつれ、遠のいて、つい安定を考えてしまったり、現状維持で留まったりと、職業に対して楽しさを求めなくなっている自分に気がつきました。私が就きたいと考えている職業は本当にやりたいことなのか、もっと夢中になれることはないのか、自分自身に問いかける有意義な機会となりました。これからの大学生活、夢中になれること、わくわくどきどきすることを探していきたいと思います。キャリアヒストリーインタビューという基礎ゼミの課題の中ではあったが、私にとってはとても大きな意識変革がありました。職業に、「楽しさ」を求めていいのだということ、求め続ければ必ず手に入るということ、先輩のキャリアをたどることで、とても大切なことを再確認できました。

キャリアモデルとは、〈私〉が描く将来像を体現しています。その内実に迫るには、そのモデルの主体的な経験に耳を傾けることが近道です。

キャリアヒストリーインタビューとは、聞き手が語り手に聞くという一方向のインタビューではなくて、語り手が聞き手に話をふり、聞き手が深く語りだすこともある双方向のものです。そうしたやり取りの中で、キャリアモデルの経験を、自身の経験として追体験することができ、キャリアモデルからヒントをつかみ取っていきます。

やや専門的に述べるならば、生き方をデザインする学びの一つとしてのキャリアヒストリー法は、「個人の生き方」を分析し、その分析をもとに何らかの処方箋《しょほうせん》を導き出し、今後のライフを構想していく、実践的なアプローチなのです。

だが、その問いのベクトルが、〈私〉へと向かいすぎる傾向にあることも十分に理解しておかねばなりません。**生き方をデザインする学びとは、自分探しの堂々巡りをすることでも、安易な自己啓発に警鐘を鳴らすことでもないのです。**その手助けとなるのが、しかるべき科学的手順を経て、分析を加えていくことです。この手続きは、個人経験的な問いを専門科学的な問いへと連接していくプロセスでもあります。

「私の問い」に立脚した研究は、その過程や研究をまとめあげていくなかで、その問いに対して私に大きな気づきを与えてくれます。「私の問い」をもとに調査に取り掛かり、問いを絞り、答えを導き出していくこと。それは、調査を通じて私の生き方を知る軌跡なのです。

大事なことは、自ら学びたいと感じること。そのために、自ら動いていくことです。

学びのチームだからできること

大学でできることは限られています。現在、大学には、「知的活動によって社会に貢献し、社会の発展を支えていく役割」が求められています。そのうえで、大学では「初等中等教育における自ら学び、自ら考える力の育成を基礎に「課題探求能力の育成」を重視するとともに」、「社会・経済の変化や国際化に伴い、人材養成に対する要請が高度化・多様化していく状況を踏まえ、多様かつ充実した教育機会を提供し、各人の能力を十分に伸ばし、高度化・複雑化する社会で活躍できる人材を養成することが必要である」とされています（文部科学省「高等教育の役割」http://www.mext.go.jp/b_menu/shingi/old_chukyo/old_chukyo_index/toushin/attach/1309727.htm　：二〇一六年八月七日閲覧）。

とてもややこしい言葉ばかりですね。

簡略にすると、大学の役割は、「多様かつ充実した教育機会の提供を通じて、学生の**課題探究能力を育成し、高度化・複雑化する社会で活躍する人材を養成する**」ことです。しかし、大学によっては人を育てる機関として成立していないところも多々あります。

社会が求める人材を、大学では育てることができないとあきらめてしまえば、大学は「講義を聞いて、そのまま機械的にノートに書き写す」、「少人数演習では、マスクをして発言をしないようにする」ことを放任しておけばいいことになります。

なりたい自分になるために、自分目線で学び続けていくべきです。これは生き方をデザインする学びにとって大切なことであることはこれまでにみてきたとおりです。ただし、**自分目線というのは、自分だけ良ければいいという個人主義的な考えに依拠するわけではありません。学びのチームワークを築いていくことが必要です。**

チームワークの大切さを痛感した経験があります。随分昔になりますが、私は小学校三年生のときから少年野球のチームに所属していました。そのチームには毎年、地区予選を突破させ、県大会で勝ち進んでいくチームに育て上げる監督がいました。その監督の指導は厳しいものでしたが、目標までのプロセスの計画的な取り組みにたけていたと今なら振り返ることができます。

中学校に進学し、ほぼ同じメンバーで野球部に入部しました。中学に入ると小学校のときに県大会で勝っていたチームが、地区大会でも負けるようになっていきました。私たちは練習をさぼっていたわけではありません。監督がいなくなり、自分たちで大会にむけた準備をするようになってパフォーマンスがあがらなくなったのです。自分たちで練習をするようになったら、チームワークがうまく機能しなくなったのです。

大学の学びは、大学生、教員、職員の双方向のコミュニケーションから形成されます。チームとしての学びを意識していくことで、個人では継続できないことや到達できない目標にも近づいていくことができるのです。

大学には、学びの仲間がいます。同じ課題に向き合う仲間が近くにいるのです。どんな書き方をして、何を考えているのかを、読み合わせ意見交換を重ねることができます。論文を書いていくなかで、そうしたやりとりを続け、その文章を細かく修正していくことで向上させることができるのです。ちなみに、本も、著者と担当編集者による文章を洗練させるやりとりを経て刊行されています。文章を書き、何度も推敲《すいこう》し、それを担当編集者の方に隅々まで読んでもらい、フィードバックをもらいます。頂いたコメントに向き合い、さらに文章を何度も直していきます。この読み上げと推敲のプロセスを何度も繰り返し、文章を磨いていきます。

学びの仲間による対話の可能性は、次のような言葉にも込められています。

「親友というのは、アミューズメントというか、単に遊びのうえだけの友だちではなくて、心の触れ合いがある。お互いに自分の心が豊かになるような、そういう関係です。（略）わたしは、先輩・後輩の関係であれ、同僚間の関係であれ、結局、その重点は対話という形をとることにおくべきだと思うのです。学生だったら、互いに議論をしてみる。それは建設のためにやるのであって、ほんとうにまいったばあいには、まいったといえばよろしい。みえも外聞もなしに、議論を尽くしてください」（増田四郎『大学でいかに学ぶか』講談社現代新書）

受け身にならず、自分目線で学び続けながらも、関わる人たちとのコミュニケーションも大切にしていく、ときには、とことん話し合ってみることが、明日のなりたい自分をつくっていくための貴重な営みなのです。

第四章　バイトするならダブルワーク

働けるのかな――直面する不安

大学を卒業して、ちゃんと働けるだろうか。大学生なら誰しもが抱える不安です。大学を卒業し、社会でもまれている先輩はきまって、「大学の学びなんて社会では役に立たない。大学では好きなことをとことんやって遊んでおくように」とアドバイスをします。

たしかに大学生のうちにしかできないことをして、大学生活を思いっきり満喫することは大切なことだと感じつつも、立場上、私はそうも言ってられません。

というのも、「ちゃんと働けるだろうか」という不安を抱える学生が大多数だからです。不安だけならまだしも、「働きたくない」とか、「きついから嫌だ」といったネガティブな話もよく耳にします。

「きついって、どうしてそう思うの？」と問いかけると、

「長時間残業とか、休み返上して働くとか、大変そうじゃないですか」

という返答がきます。

近年、劣悪な労働環境を強いるブラック企業への社会的な制裁が強まっています。このことは労働者を守るために必要な動きです。

でも、それはすべての会社にあてはまることではありません。企業はブラックだ、働くことはきついことだというイメージだけを抱いてしまう風潮は、働くことを一面的に捉えすぎています。

働いてもいないのに、ネガティブなイメージをもってしまうことは、食わず嫌いと一緒です。食べてみて美味しくないと感じることと、食べないで美味しくないと判断することとはまったく次元の異なる話なのです。できるだけ働く経験を積んでみて、そこから働くを味わっていくのがいいでしょう。

「これ美味しいでしょ？　食べてみて」と言われて食べるとき、なんとなく自分の舌で味を確かめないで、美味しいと返答することがあるでしょう。それでは、本当の美味し

さはわかりません。自分で味わい、かみ締めてこそ、美味しさを実感できるのです。

働くことを経験しておくことは、これからのあなたの人生においてとても大切なことです。働くことは生きていく上で大きなウエイトを占めるからです。働いている人たちの仕事への向き合い方や考え方、仕事の内容を聞くことで、働くを理解することになりますが、自分自身で働いてみるという経験に勝るものはありません。

アルバイトのリアル

アルバイトをしてますか？

一年生三〇〇人が受講する講義で聞いてみたところ、九割以上の学生がアルバイトをしていると答えました。大学に入学し最初の時間割が確定した頃には、すでにアルバイトをしているようです。高校の校則にもよりますが、推薦で大学合格を手にしている人の中には、大学入学前にアルバイト漬けの日々を過ごしてきた学生もいます。

大学生活は、部活動やサークル活動、友だち付き合い、講演会やコンサートなど、様々な場面で支出が嵩《かさ》みます。親に高い学費を払ってもらっているので、その他に必要なお金はできるだけ、自分で賄いたいという気持ちもあるのだと思います。そうしたことから、大学生活とアルバイトは切っても切り離せない関係にあるのです。

アルバイトの実態をより詳しく見ていくために、私が担当する学部二年生の二〇名の少人数科目でヒアリングを行いました。受講者二〇名のうち、アルバイト経験がない学生は一名のみです。その一名は、体育会運動部に所属する男子学生でした。一九名の学生のうち四名が一つのアルバイト先で働き、残りの一五名は複数のアルバイト先で勤務経験があります。

アルバイト先は、コンビニエンスストア、レストラン、カフェ、居酒屋などの外食産業が最も多いです。塾講師や単発のアルバイトも経験しています。人手を必要とするサービス業界での人材不足が深刻化する中で、学生は短期から中期にかけて労働力補塡の役割を果たしています。実際、対個人サービス業界にとっては、学生アルバイトは欠かすことができません。

時給は、コンビニのアルバイトが最低で八五〇円、塾講師が一六〇〇円と一番高い。平均は、一〇五〇円で、アルバイトに従事する平均時間は、五・五時間でした。平日の勤務時間が、三〜四時間で、休日は五時間から八時間働いている傾向にありました。

それではどのような理由でアルバイト先をきめているのでしょう？　講義も休めないし、サークル活動や、その他のプライベートな時間も確保したいので、時間の融通が利くアルバイト先であることを優先しているようです。

二年生の佐野理紗《りさ》さんは、大学の講義スケジュールを優先し、時間調整が可能なアルバイト先であることと、短時間勤務であることを優先し、時給が比較的高く、二二時以降の深夜勤務のない職場で、自分の生活リズムを守ることのできるバイト先を選びました。

アルバイト先を選ぶ際に、働きやすさを優先する学生もいます。

外岡純子さんは、大学受験が終わったタイミングで「人手が足りないからきてほしい」と言われ働くようになりました。そのアルバイト先が大学への通学路の途中にあり、時給もまあまあよく、店長の印象も良かったそうです。外岡さんの姉がその店でアルバイトをしていたこともあり、人間関係が作りやすく、バイト先を考える手間が省けるというのも理由の一つでした。

アルバイトには数カ月から数年にかけて働く長期アルバイトと、イベントの補助員や試験監督など一日から数日で終わる短期アルバイトがあります。長期アルバイトによって、「アルバイトと部活動による疲労により、授業中に寝てしまうことが多くなり、学業、部活、アルバイトの三つをこなすのは困難だ」と感じる学生もいます。

長期アルバイトを辞めてしまうと食事や娯楽のためのお金が不足してしまうので、単発・短期のアルバイトを始めます。短期アルバイトでは、自らが望むタイミングで働けるし、学業や部活動・サークル活動も支障が出にくいところが魅力です。

アルバイトのサークル化

アルバイトを辞めないのはなぜでしょうか？

「アルバイトでの収入が日々の生活に欠かせないし、仕事にも慣れ負担が少ないから」と述べる藤田弘樹君は、アルバイト先で人間関係がうまれ、友人ができ、働くことが楽しくなってきています。

アルバイト先の居心地が良くなり、時給にも不満がありません。働くことで、お金のありがたみも感じています。アルバイト先の同僚とも仲良くなりました。

杉山由奈さんのアルバイト先には、同世代の女子が多く、休日も一緒に遊びにいくほど仲が良くなりました。

「もし辞めたら、バイトの仲間に会えなくなってしまうという気持ちが強い。学校に通ってない子もいるので、違う価値観や自分とは異なる人生のルートを歩む子と話すのが楽しい。慣れてきたので、違うバイト先で新しいことを覚えるのが正直面倒くさいと思う」

仕事に慣れると、他の職場に移ることが面倒になります。マンネリ化している現状を変えるために、新しいアルバイトを始めようとも考えますが、慣れ親しんだ環境から、新しい環境に移るには勇気がいります。新しいアルバイト先では、覚えることもたくさんあり、人間関係も一から築いていく必要があります。そのことはかなり根気がいるし、体力も必要です。このように「慣れ」をすてられないことの弊害もある点には注意が必要です。

現在のアルバイトに楽しさを覚え始めていることも辞めない理由の一つです。慣れてきたことでやりがいや仕事に対する気持ちも変わっていき、人間関係も円滑で、良い環境で働けていることに満足しているからです。

アルバイトの継続理由からみえてくるのは、アルバイトが個人の仕事体験としてあるだけでなく、アルバイト先という場に関わる社員、同僚のアルバイト、顧客との、集団での相互行為の集積であるという点です。環境に慣れていくことは、同僚のアルバイトとの人間関係や友人関係を築く過程とパラレルにあるのです。

だが、「考える機会をもらって働いているので、アルバイト先に不満はありません」と述べる学生は少数派で、「社員の大部分が喫煙することや店舗全体がタバコ臭いこと」「固定シフト制なので、どうしても用事で休まなくてはならない場合、きまずい」「土日勤務なのに平日と同じ時給なこと」「居酒屋なので、顧客に不用意に名前を聞かれたり、関係のない話をされること」などの様々な不満を抱えています。

アルバイト先では、様々な年代の人が働いています。そのため、責任者は学生よりも年上であることがほとんどです。そこで、発生するのは、同僚や上司に学生という立場をしっかり理解してもらえないということです。

学生は学業を第一に優先しなければならないということを理解してもらえず、「人手が足りないから」と企業側の要求を飲むしか手段がない状態に陥ってしまうという相談をよく受けます。

「社員とアルバイトの意思疎通がうまくできていないと感じています。アルバイト先では、学生は右へならえの状態で、企業に合わせざるを得ない。労働内容に見合う給料をもらえるなら別の話だが、そうではないのが現状である。**不満のない職場はない**。学生であり、アルバイトであるという二足の草鞋《わらじ》を理解してもらえない状況、シフトの融通が利かない現場での継続は、職務内容の負担以上に、精神的な面で重くのしかかる」といったこともあるのです。

コミュニケーション能力を向上させる

アルバイトは学生にとって、初めての働く体験となります。大学やサークルなどの友だち関係のコミュニケーションとは異なり、営利を目的として経営する組織に身を置き、年齢や社会的属性の異なる多様な人々から構成される同僚と顧客とのやりとりが求められます。

コンビニでの買い物やレストランでの食事といった消費活動の際に、そこで出会う従業員の思いや裏側を察することができるようになるという意味で、アルバイトは従業員と顧客との関係性を再認識する機会を与えてくれます。

アルバイトでは、労働の対価として給与を貰《もら》います。親への経済的な負担を軽くし、自分のことは自分で支払うように心がけている森岡綾乃《あやの》さんは次のように述べます。

「親からの自立の第一歩としてアルバイトを続けています。遊ぶために使うお金をいつまでも親からもらっていては、親に負担をかけるし、親から自立できていない状態です。アルバイトを始めるまでは、親からお小遣いをもらっていたのですが、その有り難みを本当に実感することができました。アルバイトをして自分で使うお金を稼ぎ、お金のやりくりをすることで、少しは自立した人間になれるのではないかと考えています」

「人とコミュニケーションをとることがとても苦手だったのですが、アルバイト先の方々と人間関係を築き、コミュニケーションをとることはとても大事なことだと学びました。多少の我慢が必要だということ、自分の選択には責任を持つことがとても大事で必要不可欠な要素になると学びました」

アルバイトは、自らの身体をつかった、直接的な学びであるので机上で吸収していく学びよりインパクトを与えます。アルバイトでは職場での上下関係を身につけることができます。大学での先輩—後輩関係とは異なり、年齢の離れた年上の人たちと働く機会が多く、世代の異なる人とコミュニケーションを図り、一緒に働くことでの学びは多いです。

学年や年齢の異なる人と会話する機会は、「職場で必要なコミュニケーション能力」や「笑顔で人と接すること、自分がどのように動いたら物事を効率よく進められるか」がアルバイトを通じて身につきます。

もちろん、アルバイトと将来の希望就職先とに連続性が見いだせないことを学生たちは理解しています。三年生の松田美沙さんは次のように述べます。

「私が今まで行ってきたアルバイトの経験では、将来の仕事に役立つことはないと思います。将来、何をやりたいかはっきりと決まっているわけではないですが、私は今までアルバイトとは、お金を稼ぐためだけに行うものだと思っていたので、将来就くような職業とは何の関連性もないアルバイトしかやってこなかったです。今後はどういうアルバイトをやるべきかをよく考えて、将来に役立つアルバイトを出来たら良いと思っています。そのために、自分が将来何をやりたいかなるべく早く決めたいと思います」

アルバイトを継続する場合には、自らの成長の場と捉え、積極的に活かしていくことが求められます。アルバイトの中で次のような経験ができるのなら、望ましいことでしょう。

「店長たちと一緒に、いいお店にしよう、いい売り上げを目指そう、と考えています。どうやったら売り上げが伸びるか、メニュー表の作り方、お客様へのサービスなど、みんなで話し合い、店長から経営者の立場の意見も学んでいる。常連客への接客を工夫しています。自分がどのように動いたら効率よく仕事をこなせるかなどを考えたりします。経営する側の戦略、お店を支える責任などを実感できます」

与えられた業務を機械的にこなしていくのではなく、業務の改善や店舗の売り上げを意識していくことは、いかなるビジネスのシーンでも役に立つ肥やしとなります。

アルバイトは働き方を学ぶ実践的なトレーニングの場です。できれば、アルバイトで失敗経験をして、そこから乗り越える経験をしてほしいと思います。社会に出て、失敗をしていない人はいません。うまくいかないことをどう乗り越えていくのかも働き方を学ぶ上で大切なことなのです。アルバイト先の従業員に理不尽な理由で注意を受けることもあるかと思います。そうしたときに、自分の心をどのようにコントロールしていくのかも社会に出る上での重要なスキルになります。

アルバイトの向き合い方をかえていくことで、現時点でのアルバイトが将来に役立つ経験へと転換していくのです。アルバイト先でも経営者と近い距離で日々経営に関する議論を交わすなどすることで、それがその後、役に立つこともあります。アルバイトでの経験からどんなことを学んでいるのか、アルバイト先の形式的な勤務形態より、働くことそのものを主体的に捉えていくことが重要なのです。

しかし、**アルバイト先と大学を卒業して働いてみたいと思える業種とに大きな乖離《かいり》があることは忘れてはなりません。**それでは、アルバイト先と希望就職先との乖離を埋める方法はいかなるものなのでしょうか。

コンビニとコンサル——夢と現実の折り合い

「コンビニでアルバイトをしています。大学卒業後には、コンサルになりたいです」このように、現実のアルバイトと卒業後との接点がないままに、なんとなく自分の就職先はここだと思い込んでいく学生たちを多く見かけます。

希望就職先の実態を調べることなく、なんとなくのイメージを自分のなかで重ねていきます。そうしているうちにいつのまにか、自分が目指すべき方向だと認識していくのです。

大学卒業後にどのように働いていくかは、いくら教室で議論をしていても空想の域を出ません。そこでアルバイト経験と希望就職先との溝を埋める懸け橋的なプログラムが、インターンシップです。アルバイトよりインターンシップのほうが、卒業後の勤務に近い労働経験を想定したものとなります。

私の講義やゼミでは、これまで働いた経験のない学生に、どのように働きたいのかをイメージさせていきます。その一歩を歩み出せるか否かでは大きな違いをもたらします。

法政大学二年生の清水絢菜《あやな》さんは、次のように述べます。

「希望就職先がまだ明確でないため、様々な業界でインターンシップを経験したいです。就職後、自分自身の肌で社会の場を感じ、自分自身の人生経験として積み上げたいです。たくさんの社員の中で埋もれない一人の社会人として働きたい。今の私はありきたりの大学生でしかないのではないかと思っています。サークルにいって、バイトをして、授業をうけているだけ。これからの大学生活でたくさんの学生の中に埋もれない、たくさんの社員の中で埋もれないアピールポイントを手に入れたいです」

ぼんやりとではありますが、これまでの経験を活かして、自分にあった働く場所を見つけ出そうとしています。

大半の学生は、三年生になると就職活動にむけて、そわそわし始めます。その時点でも自分が何になりたいのか、どう働いていきたいのかはわかりません。その理由は明確で、社会に出て働いたことがないからです。未経験の事柄を具体的に計画していくのに慣れていないのです。

学生も、広告業界、マスメディア（テレビ・放送）、金融、コンサル、航空業界、ベンチャーへのインターンを希望します。というのも、将来自分が働いていく職場環境や業務内容での経験を積みたいと考えるからです。その点、気軽に始めたアルバイトとは選択理由が異なってきます。

サービス業や小売業でアルバイトに従事してきた学生たちが、それまで経験のない業界でのインターンを選択します。それは、希望就職先へのエントリーともなり、その際に、アルバイト経験と希望就職先とで業界の違いを感じます。その溝をインターンで埋めておくことが、学校から職場への円滑な移行をもたらす鍵《かぎ》となります。

アルバイトからインターンへ

大学教育機関でのインターンシップ実施は、一九九八年の一四三校（二三・七％）から二〇一四年には七四〇校（九五・四％）へ、参加人数も一九九八年の一万四九九一人（〇・六％）から二〇一四年の五八万三六五人（二〇・七％）へと増加しています。けれども、アルバイトに従事する学生が七四％であるのに対し、二〇・七％は、まだまだ導入が円滑に進んでいないことを示しています。

企業で実施されるインターンへの参加を促すとともに、大学でプログラムとして用意するインターンの充実も求められています。インターンは、「高い職業意識の育成」と「自主性・独創性のある人材の育成」に有効です。その一方で、「教育内容・方法の改善・充実」については大学での学習と社会での実体験が学生の中で結びつくことが難しく、現行プログラムに工夫が求められることも指摘されています（藤本佳奈「インターンシップの経験による大学生の変化に関する一考察」『香川大学教育研究』第一一号）。

アルバイトからインターンへの移行自体が、大学生のキャリアビジョンやキャリア形成に影響をあたえます。けれども、その連続性ゆえに、インターンシップは企業による学生の直接採用の機会として捉えられることも少なくありません。学生を採用する「青田買い」の手段として用いられているところもあります。インターンシップの意義は、大学生活を送りながら将来の職場で切磋琢磨《せっさたくま》して成功と失敗を含む経験をじっくり積むことです。

インターンシップは二つの特性をもっています。一つは、卒業後に勤める会社での働き方に近い勤労経験であることと、もう一つは、大学と企業との提携によって制度的に用意されたものであるということです。アルバイト先、あるいは、学生のアルバイトの取り組み方や考え方によってはアルバイトとインターンの意味合いが重なる職場もあります。アルバイトとインターンの境目ははっきりしていない部分もあるのです。

アルバイト先での勤務に慣れ、長期的に働いている、あるいは、アルバイト先での勤務内容と就職希望先の勤務内容がかけ離れている、このように感じる場合には、アルバイトを辞めてインターンに挑戦してみましょう。

そこですべきことは、インターンをしてみたい希望業界を調べていくことです。自分がその業界に向いているのか、働いていけるのかは、誰にもわかりません。

インターン先を絞っていこうとすると、インターン先がどんな会社で、どのような事業を手がけているのかを調べるようになります。何年に設立された会社で、社長はどんな経歴の人でいかなるヴィジョンをもつのか、経営状態はどのような感じであるのか、これらは企業研究になります。

企業研究をしていくと、同じような事業を手がける企業も気になるようになります。

この企業研究や業界研究を進める過程で、企業で働く社会人の話を聞くことは効果的です。インターネットから得られるデジタルな情報だけでなく、職場で働いている社会人の生の声や経験から学ぶことができます。

インターンの申し込みでは、新卒採用で求められるのと同様なエントリーシートの記入が求められます。二年生の三島奈緒さんは、インターンの入口で苦労することになりました。

「エントリーシートを書いて、有給インターンに応募したが、落ちてしまいました。ファッション系のホームページを運営しているインターンも落ちてしまった。書類で落とされることもありますし、面接で断られたこともあります。その後、複数社にトライしましたが、今のところすべて受かっていません」と語ります。口惜《くや》しさのあまり、この時期、何度も泣いていました。

大学で過ごしている自分と、社会のニーズとのギャップを痛感することになります。この不採用の経験でふてくされるようではいけません。

なぜ、採用されなかったのか。その原因を的確に分析していくことが次への一歩となります。簡単な面接で採用されたアルバイトの職場で働くことに慣れてしまうより、採用されない経験が大きな財産となります。三島さんはエントリーで苦労したものの、現在、ベンチャー企業でインターンをしています。

「今までは、自分自身将来何をしたいのかな？　で思考が止まっていましたが、「将来～～がしたい↓どうしたらなれる↓試しにやる」のサイクルになりました。正直なところ、今は本当に自分がしたいことは何か、できることは何かは全くわかりません。これまで真剣に自分の将来について考えたことがなかったので、はやく何かをみつけたいです。何もせずに腐ってしまうのではなく、何らかの行動を起こして、この後も続く、自分のキャリアを考えるインターンにしていきます」と述べるに至りました。

模擬面接にみるコミュニケーションの難しさ

知識を伝達し、それを覚えていく一方向のつめこみ学習では、受け身となってしまい、自ら考えたり、発言することも億劫《おっくう》になってしまうというのは、これまでみてきたとおりです。つめこみ型学習の問題点としてあるのが、その学習では教える側と教わる側のインタラクティブなコミュニケーションが成立しなくてもよいという点です。

社会に出ると、そうはいきません。同僚との連絡、上司への連絡、クライアント先とのつながり、すべてコミュニケーションの束によってすすんでいきます。

大学生のコミュニケーションがあまりうまくない例として、次のようなケースを考えることができます。

大学四年の林田潤一君は、希望就職先への内定がとれずに悩んでいました。面接の練習をしてほしいというので模擬面接を行ってみました。

「大学時代に一番頑張ってきたことと、その経験からどのようなことを弊社に活かせそうですか？」

と質問を投げる。すると林田君は、

「一年生の時から、サッカーサークルに打ち込んできました。練習の時は休まず参加してきました」

と答えました。「どのようなことを弊社で活かせそうか」という質問者の意図への返答にはなっていません。

「では、サッカーサークルの経験で、社会人として何か活かせそうなことはありますか？」

と質問を続けます。

「休まないで練習に打ち込んできたというのは、毎日働いていくことに役立つと思います」

コミュニケーションというのは、ときにズレをはらむ奥深いものです。

林田君は真面目に学習する学生です。しかし、この模擬面接で人事側が想定する答えとはズレた返答をしていることには、一切気が付いていません。ふざけているわけでもなくて、真剣に答えているのです。

大学時代に一番頑張ったことと聞かれた瞬間に、林田君の中では大学時代に一番のめりこんだことを思い起こします。頑張ったこととのめり込んだことが重なる場合もあります。サッカーサークルに打ち込んできた経験を話すこと自体は間違いではありません。この質問に対しては、サッカーサークルにどのように関わり、そこでの組織行動を通じて、何を学んできたのかを伝える必要があります。

人事がこうした質問で聞きたいのは、頑張った事柄それ自体より、そうした経験をど

のように自分の中で位置付けて、それを客観的に分析し、的確に説明できるかどうかなのです。つまり、一番のポイントは、頑張ったことをそのまま伝えるのではなく、頑張った経験から何を学び、それを社会人としてどのようにいかしていけるかを伝えることにあります。

大学四年の野田恭輔君にも、模擬面接を頼まれたので同じ質問を投げてみました。

「大学時代に一番頑張ってきたことと、その経験からどのようなことを弊社に活かせそうですか？」

「私は大学のゼミに所属し、特に卒業論文に一生懸命取り組んでいます。卒業論文では、地元のシャッター商店街の再生をめざして取り組んでいるＮＰＯの活動に着目しました」

「興味深いですね、そこでどのような発見がありましたか？」と聞くと、

「ＮＰＯの方々が中心となって、地元の商店街に若者が集まるイベントを企画して、人が集まるようになっています」と論文に書いている事柄を長々と話し続けます。

人事は卒業論文の詳細を知りたいわけではありません。野田君も林田君と同じミスに

陥っています。その過ちとは、相手が聞きたいことに答えるのではなくて、自分が取り組んだことや、自分が思うことのみを答えていく過ちです。

これも、質問に対して答えているようにみえますが、質問に対して「自分語り」をしているに過ぎないのです。

相手が聞いていることに対して答えるという面接行為が、自分の経験をただ話すということにすり替わってしまうのです。

こうした勘違いをしている学生は少なくありません。

このコミュニケーションのズレを修正していくことは、大学の講義では難しく、そのような講義もなければ、機会もありません。大学から職場への円滑な移行を導くには、専門領域の理論・方法・見識を学びつつ、実社会で必要とされる技能を身につけ、それらを往還させていく柔軟な教育プログラムが求められているのです。

インターンでスイッチオン

大学の講義では学べないことを日々吸収し、急成長をしていく学生もいます。現在四年生の竹内直治君は、その代表的な一人です。大学一年生のときは、コンビニでアルバイトをしていました。サークル活動にも打ち込み、大学の講義とサークル活動、コンビニのアルバイト漬けの日々を過ごしていました。

一年が終わるころに、竹内君は「このまま就職活動を迎えたら、まわりの学生と何一つかわらない。自分の強みがない。このままでは駄目だな」と感じるようになったといいます。

二年生になると、竹内君はギアをいれます。一年生でも参加できるOne dayインターンがあれば、エントリーして、参加するようになりました。問題解決のワークショップに取り組んだり、新規事業案をグループでまとめてプレゼンするインターンに参加していきます。

インターンに参加するということを決めると、「どのような業種の会社でどんなインターンが開催されているのか」を**自ら調べるよう**になります。人から聞いた知識ではなくて、自ら調べた情報を手にしてエントリーしていくのです。

人から聞くではなく、自ら調べるというのが、成長ベクトルに突入する最初の一歩です。申し込みをすると、より詳細なエントリーシートの記入が求められる会社もあります。そこで目的や動機、自分の強みや弱みなどを整理してまとめていきます。面接を課しているところもあります。

インターンに参加すると他大学の学生と知り合いになることもメリットです。インターンを通じて、その後も、連絡をとりあい、友人関係になっている学生もいます。インターン先の社会人と直接話をする機会ができるのも、大学の講義を受講しているだけでは得ることのできない経験になります。

その後、竹内君は、インターネット系の会社で長期インターン生として働くようになりました。竹内君に与えられた業務の一つは、自社メディアに広告を掲載してくれる企業への営業活動です。そのためにインターン先の事業内容、サービス概要、料金システムを頭に叩《たた》き込みました。それから、電話でサービス概要を説明して、アポイントを取り、会社を訪問し説明をしていきます。

竹内君は今までの人生で感じたことのないショックを味わいます。というのも、「見ず知らずの人間に電話をかけて、会話をするだけならまだしも、こちらに対してお金を支払ってもらう」ことの難しさを痛感したからです。

「電話をかける前に、入念に話す内容をシミュレーションしても、いざ電話をかけると、緊張のあまりおどおどしてしまうのです。二〇件、三〇件と電話をかけても、全くうまくいかないのです」

大学の講義を受けていると、うまくいかない経験をする機会がほとんどありません。学年があがると、大学の仕組みにも慣れますから、器用にこなすようになります。竹内君はこのうまくいかない状況の打破を試みます。

その一つが、「一日の電話をかける件数を増やすスピード化」です。綿密なシミュレーションをしても、相手が全く興味を示さないことも多くあるので、より多くの会社に電話をかけるようにしていきます。電話をかける作業の効率化を図り、業務を遂行していくと、竹内君は大切なことに気づいていきます。

それは、「言いたいことをただ伝えるのではなく、相手と双方向の会話をすることで、緊張感を緩和して相手のニーズやそのレベルを聞きだすことが成約につながる」という法則です。自社のサービスについても、「覚えるのではなく、理解しなければ、あらかじめ想定していた受け答えから会話がそれたり、想定外の質問をされたときにも対応できず、結局相手にとっても有益となるかもしれない情報を伝えられずに終わってしまう」。小手先のテクニックや言い回しよりも、何を聞かれても答えられるというレベルまで自社サービスを理解しておくことが重要なのだということを学んでいくのです。

竹内君が成長したのは、インターン先の社会人からの現場でのフィードバックが充実していたことも大きな要因です。

ショックを与えるだけでは、学生は潰《つぶ》れてしまいます。インターン先で失敗をして、その失敗を乗り越えることができずに辞めてしまう学生もいます。なぜ、うまくいかなかったかのポイントを的確に指摘してもらい、それを改善していくことで、同じ失敗をしなくなるようになるのです。

竹内君は、もう一つ、決定的な経験をしました。それは、営業先に訪問した際には、「大学生であり、インターン生」であるということは先方には全く関係のないことだという点です。当然のことながら、社会人として振る舞うことが要求されます。緊張で押しつぶされそうになります。言葉使いやマナーを含めて失敗することも最初は続きましたが、実際に働く現場のやりとりを生で体験できたことが大きな糧となります。

竹内君は「自分の会社に誇りを持ってコミットしている人を見ると、バイトの時に誰かしら一回は思ったことがある「バイト面倒くさい」なんていう気持ちは浮かんでこなかったです」と振り返ります。

続けて、「アルバイトの時は、バイトの時間が終われば完全に生活とバイトは切り離していましたが、インターンを始めてからは、インターンの時間以外にも、意識的に改善事項について考えるようになりましたし、大学の講義も含めてインプットも以前では考えられないくらいするようになりました」と述べます。

ここにもう一つのインターンがもたらすポジティブな影響があります。インターンの現場で知識や情報の大切さを感じるようになり、大学の講義の受け方も自然と変わってくるのです。さらに、インターンで問題解決型の姿勢が身についているので、大学の講義もより主体的な関心で常に考えながら受講していくことができるのです。

インターンで流す涙がファーストキャリアの潤滑油

インターン先から一人暮らしのアパートに帰宅すると、山本由利さんは、悔しくて大粒の涙を流しました。新規プロジェクトの担当をまかされたものの、解決できない問題を一人で抱え込み、納期を遅らせ、結果的にプロジェクトチームのメンバーに迷惑をかけてしまったのです。

大学はぬるま湯です。遅刻しても、欠席しても、特に何も言われません。注意を受けても、その場限りのものです。

大学の外に出て、インターンとしてビジネスシーンに身をおくことになると、大学生としての作法がいかに社会で通じないかを、痛感することになります。

大学生が社会人経験に限りなく近い形でのインテンシブなインターンをすることについての良し悪しはあります。社会経験の練習試合を積み、そこでPDCAを社員とまわしていきます。そこでの達成や失敗の経験はダイレクトに学生たちの糧になります。こうしたインターンを通じて、飛躍的に社会への適応能力を高めていく学生もいます。その半面で、学生の多くは何度も困難にぶつかります。

うまくフォローができないと、働くことが酷な経験として記憶されてしまいます。インターンで精神的にボロボロになる学生もいます。インターンの負荷の度合をいかに見極めるのかが難しいところです。

インターンで涙を流した、という報告を学生から聞くと、「ようやく一番に必要な経験ができているね」と答えます。もちろん、職場上司からのハラスメントやいじめなどを経験して涙を流そうと言っているわけではありません。そうではなくて、もっと純粋にビジネスシーンで必要なスキルや所作を身につけていく過程で、それができていないことの至らなさに気づくことで涙が自然と流れでるのです。

本書では取り上げてはいませんが、インターンには、農業、漁業の現場でのインターンもあります。NPOやNGOでのインターンもあります。いずれの現場でも、教室の学びでは味わえない経験になります。インターン先の上司にかなり厳しく注意され、自信を無くす学生もいます。

そうした**ショック体験から簡単に逃げないでほしいのです**。少しばかり、耐えてみる。

無理をし過ぎることはありませんが、教室の学びと社会の学びでは大きなギャップがあり、ショック体験はそのことに直面した貴重な経験なのです。そのギャップにこそ学びがあります。

ブラック・インターン？

インターンが、おすすめでぜひともやるべきだといいきれないリアクションがあることも伝えておくことがフェアですね。

というのも、インターンは意味あるの？ という声もちらほら聞こえてくるからです。一部上場企業に内定をきめた、四年生の弘山《ひろやま》久実さんは、「就職活動を成功させるために大学生活を送りたいと感じている大学生にとっては、長期インターンの必要性はない」と振り返ります。

弘山さんは、インターンでは、アルバイトでは体感することのできない、人との関わり方やビジネスを現場で体感できたという点は認めています。ただ、「ベンチャー企業で約一年間インターンをして得たことは、履歴書に書く項目が一つ増えたかな、と感じているのが正直なところ」だと話します。

インターンを経験した他の学生と比べて、弘山さんの満足度は著しく低いのです。弘山さんは起業間もない一年目のベンチャー企業にインターン生として関わりました。大学の授業のない日、週に三日一〇時から一九時まで時給一〇〇〇円で働きました。そこでの仕事は、「確認の作業」だけであったとのことです。

働き始めた当初は、「バイト雇用」という業務内容に納得がいかず、インターン生ながらも自分で企画した内容を担当者に提出したり、会議に積極的に参加したりしましたが、会社の規模が拡大するにつれて、社員の担当部署が固定され、全員が意見を自由に言い合うような風土はなくなっていきました。

オフィスも人員が増えるにつれ、貸しオフィスに移動することになり、全員一フロアのオフィスで社員が一日中PCに向かっている状態が続くようになりました。

自社でサービスを抱えているので、エンジニアの人たちは、ずっとパソコンに向き合っています。言葉を唯一発する場は会議の時だけで、それもシーンと静まりかえっています。そんな会社風土に変わっていくにつれて、インターン生のやる気もなくなり、九名いたインターン生が三名になりました。インターン生自身がインターンとしての役割を感じられていないことがわかります。

この風潮を変えようと思い、再度企画書の提出や積極的に出勤時間を増やす提案をしようとしましたが、大学に行って勉学に励まなければならない学生にとって、これはかなりの時間と労力を費やすことになります。

もちろん、長期インターンのすべてが弘山さんが働いた会社のようではありません。「結局は学生ですし、アルバイトとしての雇用になるかと思います。では、長期インターンが就職活動において有利なのかというと、決してそうではないと思います。就職活動において大切なことは、大学生活四年間をどんな活動であれ、一つの軸に沿ってどのような行動をしてきたのか、また、その軸はきちんと一貫しているかをいかにうまく相手に伝えるか、だと感じています」

その点においては、飲食店などのサービス業でのアルバイト経験というのは、顧客とコミュニケーションをとる対人力と、組織のなかで他の従業員とうまくやっていく柔軟性、何よりも一生つきあっていくことのできる仲間を得ることができると思います。

卒業後は必ず働かなければならないオフィスでのインターンシップをして大学生活を過ごすか、それとも、ゆくゆくは必要となる人間としての対人力や一生の仲間を得るために大学生活を過ごすか。四年生の弘山さんは後者を選ぶと言います。

なんでもかんでも、インターンをやればいいというのは確かに間違っていますね。インターンを通じて何を学びたいのかが、インターンをするという形式的な事実よりも大切なことなのです。

就職活動に特効薬はない

大学生がインターンを経験することで次の二点の学びがあるといえます。

一つは、社会に出る前に、働き方のリアルを経験できることです。会社説明会や採用を目的とした短期インターンではみえない、働く日常の中に身をおくことができます。

もちろん、先にみたように、期待していた業務は任されず、基本作業の繰り返しのみのインターン先もあります。その会社での学びがないと判断したら、その旨を伝えて、辞めたらいいのです。インターンを辞めても、学生の身分はかわりません。

もう一つは、インターンでどのような問題に直面したのかを皆で共有し、改善ポイントを皆で議論できることです。インターンを通じてうまく成長していける学生は、他の勤務先でインターンをする友人とそれぞれの現状を常日頃から共有しています。

インターン先で学生が直面する問題でよく見られるのが、複数タスクを並行して行うようになって、タスクの優先順位の判断を付けることができずに仕事を溜《た》めていってしまうことです。この点に関連して、働くときの時間マネジメントで失敗することが多いようです。こうした失敗経験をどう改善していくのか、ここを共有し、改善していくのです。

たとえば、一〇〇メートル走をイメージしてみましょう。タイムを急に伸ばすことは誰でもできません。タイムを伸ばしていくための改善ポイントを整理し、一つひとつの課題に取り組み、継続していく。そうすることで、誰しもがタイムを向上させることができるのです。

このことは、インターンでの学びにおいても言えます。働く現場で学ぶべきことは、今、何が足りていないのかを整理していくことです。それまでの経験はそれぞれ全く違いますから、強みや弱みも違います。弱みを改善しつつ、強みを伸ばしていく。この成長のストレッチが効いてくるまでが、粘りどころなのです。

こうした経験を経ることで、どのような職場で、どんな風に働きたいのか、何を大切にしていきたいのかが、自然とみえてくるようになります。それまでの経験が、あなたの体内に蓄積されていくことで、社会という舞台に立つときに、足腰のしっかりとした一歩を踏み出せるのです。

「就職活動はどうしたらいいですか」と聞かれますが、これまでみてきたことに答えがありますね。働くことを外側からだけのイメージで判断して、収集したネットからの情報を頼りに、就活のエントリー開始と同時にあわてて準備していく学生と、生き方のデザインを学ぶ過程で、働くことも自ら経験し、自分の足で稼いだ情報で判断していく学生。人事からみてどちらの学生が魅力的にみえるのかは、あまりにシンプルな問いなのです。

年収は生き方の通知表？

年収が高い人と低い人がいます。両者には随分な差が生まれます。しかし、いい大学を出ても、年収の高い会社にはいって、幸せな生活をおくれるとは限りません。これって幻想です。偏差値の高い大学を卒業しても、年収の高い会社に就職できるとは限らないからです。大学に進学しなくても、しっかり稼いで幸せに過ごしている人もいます。

何が違うのでしょうか？

この差を生む大きな要因の一つに、学ぶ姿勢が関係しています。大学を卒業するためだけに必要な単位を取得し、毎回の講義をただこなしていくことが学びだと勘違いしている人は、大学を卒業すると戸惑うことになります。

社会に出て働くということは、より実践的な学びを繰り返しながら成長していくことだからです。大学を出て、学びは終わり、というのは大きな間違いなのです。

大学での学びは、教員から定期的に評価をうけます。成績表がその評価ですね。社会に出て働きだすと、働き方はどのように評価されるのでしょうか？

その評価の一つが年収です。日頃からの働き方をみている上司が、特別賞与の査定をしている職場も少なくありません。その評価基準は会社それぞれに決められていて、たとえば、A⁺、A、B、B⁻、Cというように五段階評価を導入しているところがあります。毎月の給与は固定ですが、この特別賞与の評価によって年収がかわってきます。

この差は、働き方と生き方の二つのマネジメントからきます。

働き方のマネジメントとは、職場でどのような働きぶりが期待されているのかを考え、日頃から計画的にうまく働いていくことです。失敗をしても、その失敗という過去に縛られることなく、うまく切りかえて、失敗を繰り返さないように成長していきます。

生き方のマネジメントは、どのように日々を過ごし、いかなる人生を築いていくのかを、働き方もふくめて考え実行していくことです。

大学時代に、働き方と生き方のマネジメントの練習試合を積み重ねておくことで、社会に出たときに戸惑うことなく、いいスタートが切れるのです。自ら能動的に、問いをたて、現状を改善していくような学びの癖を身につけておくと、社会に出てからも息切れすることなく、目の前の状況をうまく活かしながら、歩んでいくことができるのです。

第五章　白熱しない講義の裏事情

全入時代の大学の序列

大学は全国に七八一校あります。大学生は五八二万人にいます。大学・短大への受験者数は、二〇一四年に七二万人、そのうちの現役志願者率は六〇・四％です。ちなみに、二〇一六年のシンガポールの人口が五五九万人なのでシンガポール国民よりこの国の大学生は多いのです。

文部科学省が実施している学校基本調査によると、二〇一五年は、大学・短大進学率が五四・六％、うち大学（学部）進学率は、四八・九％とどちらも過去最高の進学率を記録しています。一九五五年の大学・短大進学率は、一〇・一％であり、それから六〇年間の間に、年々大学・短大への進学率は増加しています。

その一方で、大学の入学年齢である一八歳人口は、一九六六年には二四九万人であったのに対して、半世紀を経過した二〇一六年には、一一九万人へと半減しています。二〇一八年以降はさらなる減少が見込まれています。

一八歳人口が減少している中、大学進学率があがっています。大学の敷居は下がり、大学に通うことが特別なことではなくなりました。

大学への進学希望者が増加している理由は明確です。それは、**大学が目に見えない象徴価値（Symbolic Value）を再生産し続ける、巨大で巧緻な教育産業**だからです。

大学は、学校教育法、私立学校法の規定により、文部科学大臣の認可が必要です。文部科学大臣が認可を行う場合には、大学設置・学校法人審議会に諮問しなければなりません。大学は厳密な審査を経て、「国が認定する」教育機関なのです。国が教育機関としての質を認めていることで大学の象徴価値は維持されています。

その認定を受けた教育機関が、受験で学生を選別します。受験生は大学の偏差値ランキングを参考に、少しでも、ランキング上位に位置する大学に入学しようと努力を重ねます。大学生の大半は卒業すると民間企業への就職を希望します。その際にも、新卒採用という選別を経験することになりますが、大学のランキングはその選別にも少なくない影響を及ぼしています。

国にクオリティを認められている大学が、階層構造化され、選別システムが強化され、大学の象徴的価値が再生産されているのです。

そのため、受験生やその両親は、少しでもランキング上位の大学への進学を希望する傾向がいまだになくなりません。少子化でも、受験者数が増えているのは、大学の象徴価値が根強いことを意味しています。大学は大衆化し、大学全入時代が幕を開けたのです。

レジャーランドから強制収容所へ？

なんとなく大学に通う学生が増えていると感じるようになりました。教授会では、上位層のレベルは昔と変わらないが、下位層のレベルが軒並み下がっている。昔は成績の悪い学生は授業に出ていないと決まっていたが、今はまじめに授業に出ているのに成績が悪い学生がいる、といった類の嘆きをよく耳にします（安田賢治『笑うに笑えない　大学の惨状』祥伝社新書）。

大学への批判はやむことがありません。
その理由は明確で、大学は社会が必要とする人材を育てていないとされるからです。こうした大学への不満や批判は、今に始まったことではないのです。たとえば、「大学はレジャーランド化した」と揶揄《やゆ》されてきました。「若者のレジャーランド」から「愚者の楽園」だ（川成洋『大学崩壊！』宝島社新書）と糾弾されたこともありました。

大学の教員として次のような反省を求められる状況でもあったのです。

「大学が教育機関ではなく選別装置にすぎないことがもし誇張でないのならば、われわれは大学から高等教育機関の看板をおろさざるをえなくなる。大学が受験体制と就職の間にはさまった通過駅で、学生に**〝教養〟という名の〝休養〟を提供している場にすぎないのならば、われわれ大学教師は世間の〝レジャー・センター〟という非難に甘んじざるをえなくなる。**いやしくも大学教師たる者は、世間に対して、その当否を明らかにする責任がある」（喜多村和之編『大学教育とは何か』玉川大学出版部、強調は引用者）

レジャーランドなら、まだましです。なんとなく活気が感じられます。学ばないにしても、そこには、元気よく遊ぶ学生の姿が透かし見えるからです。「学ばせようとする教員」と「学ばない学生」との大学空間での歴史的なせめぎあいは、大学の風物詩だったのです。

では、今の大学にその活気はあるのでしょうか？

こういってよければ、わが国の大学はレジャーランドではなくて、強制収容所の様相を呈しています。教育機関としての大学の実情は、より深刻化し、新たな局面を迎えています。誰もが大学に通うようになり、大学に通う意味は問われなくなりました。良かれと思っている大学改革は、現場のコントロールを強め、教員や学生の主体性を削《そ》いでいます。主体性がなければ、学びの空間は壊れていきます。

大学に熱狂はありません。

大学関係者ならば、「おいおい、そんな批判ないだろ。何様だよ」と気分を害するかもしれません。

問題を嘆くばかりの無責任な批判は、簡単なことです。諸制度を批判するだけでは、大学教育の文化的な状況は変わっていきません。

それでも、大学に身を置き、居残るなら、現状を分析し、打開策を練り、実行していくべきなのです。学生は時代によって様変わりします。大学は、今や、大学卒業という資格を与えるためだけの資格機関にすぎないのでしょうか。

大学に入ってから、大学に通う意味や目的が定まるならそれでいいのです。でも、そんなことは誰も教えてくれません。自分で見つけ出さなければなりません。後付けで意味を見いだすのは、思っているより難しいのです。もやもやとした気持ちではあっという間に四年間が過ぎていきます。

逆ギレする学生

「先生、ウザいですよ。講義をどう受けようが、関係ないですよね。出席しているんだから。私語をするのは自由でしょ」

女子学生の声が階段教室に響き渡りました。まばらに座る九〇名の注意を引くには十分な声量です。私は言葉を失いました。不思議と怒りは感じません。感情のバロメーターが作動しないからです。

この授業は社会学の入門講義で、昼休み後の一三時から始まり一四時三〇分に終わります。昼寝に最適の時間帯の科目です。これまでの経験から、昼食後の講義はどの大学でも悲惨な光景に見舞われます。学食で定食やパスタといった炭水化物をがっつり摂取した学生たちは、きまって睡魔に襲われるからです。

履修学生は九六名でその内訳は一年生が六三名、二年生が一八名、三年生が九名、四年生が六名でした。毎回講義の終わりに、感想メモを提出させ、その感想メモで出欠の確認をとります。

伏線はありました。この女子学生は毎回、三〇分ほど講義に遅刻してきて、階段教室の最後部に着席します。着席するやいなや、友人たちに挨拶を交わし、会話を始めます。言わば、私語の常習犯でした。

階段教室というのも不思議な空間で、一番下にある教壇は、学生たちから見下ろされる位置関係にあります。その日の私語は、なにやら盛り上がりをみせ、終わる気配がありません。

ファッショントークなのか、夕方のカフェトークなのか、なにやら盛り上がっています。

覚悟を決めます。階段を一つひとつ、学生の近くまで昇っていきます。怒りで手が震え、今にも手を出してしまいそうだということは、私に限ってはまったくありません。

この職に就いて、数年が経つころに気が付いたのですが、私は教室に入ると自然と感情がオフになります。

学生がどんな態度であれ、テンションをいつも同じに維持することが、私にとっても、学生にとっても、うまくいく秘訣《ひけつ》だと経験的に学んできたからです。毎年、規則的にまわってくる講義を無難にこなすには、いつも同じであることが何よりの支えとなるのです。

「講義の内容が伝わりにくいので、私語はやめてもらえますか」と優しい口調でその女子学生に伝えました。それに対する反応が、「先生、ウザいですよ」でした。

その後、気を取り直し、講義は最後まで行いました。さすがに、オフモードの感情にも、じわじわと驚き、怒り、失望が入り交ざるようになります。不思議なことに、この出来事のあと、三〇分ほど続いた講義をどのようにすすめ、何を話したのか、今は思い出すことができません。

九〇名の女子大生に対して、一人の男性教員です。何か女子学生の気に障るようなことを言えば、すぐさま学務にクレームが寄せられます。言葉を滑らし、その言葉が女子大生にとって性的な意味として受け止められるようなことがあるなら、セクハラとして訴えられるリスクを抱えています。

教員の心得が書かれたハンドブックには、太字でセクハラ、アカハラ、パワハラのハラスメント注意事項が記載され、教員研修でも度々禁止事項の刷り込みが行われます。細心の注意を払い、言葉が含み持つ意味合いを考え、慎重に言葉を発します。

私語を暗黙に許すのか、許さないのか。その判断は担当教員に委ねられています。私は講義を真面目に受けようとする学生の邪魔になるような私語は許しません。

大学は、一単位四五時間の学修を必要とする内容をもって構成されることが標準とされています。シラバスでは、半期や年間のスケジュールや毎回の講義内容を明示することが求められます。講義の目的、到達目標、各回の授業内容、成績評価の方法や基準、準備学習の内容や目安時間、教科書・参考文献、履修条件などを記載してあります。

九〇分の講義が受講学生にとって有意義な時間となるように、毎回の講義を大切に全体の流れや課題のタイミングまで考え抜いていく。にもかかわらず、まわりの学生の集中を欠くには十分な声の大きさで私語を続ける女子学生に注意をしたことへの逆ギレが残念でならないのです。

こうした出来事は、特段珍しいことではありません。関東の私立大学に勤める四四歳の山縣彰人《やまがたあきと》准教授も同じような経験を口にします。

「学生は、教員へのリスペクトがありません。私の声かけに対しても、舌打ちをする学生もいます。考えられないほど、たち悪い学生もいます。自分はやりもしないで、教員になんとかしてくれという学生ばかり。授業も休んでいるし、授業内レポートも書けてもいないのに、いい評価をしてくれといってくる学生が多い。努力もしていないのに、なんとかならないかと相談してくるのです」

関東の学生に限った話でもありません。九州の私立大学で教鞭《きょうべん》をとる五二歳の岡山聖子教授も、「どれだけ講義を工夫しても、学生が授業に集中することはありません。授業が始まって二〇分もすると後ろの席から学生は寝ていきます。起きている学生は、携帯電話でゲームやSNSをしているか、隣の学生と会話をしています。できることはすべてやっています。ここは大学じゃないな。こんな学生に教えるために、私は長年、大学院に通い、研究を進めてきたのではないんです。最近はそんなことすらも全く感じなくなりました」と胸中を明かしてくれました。

講義は、教員と学生の言語を介したコミュニケーションで形成されます。大学で教鞭をとっている教員の大半は、程度の差はあれ、似たような経験をしています。私語を注意したことのない教員はいません。いるとしたら、私語をそのままにして、学びの空間が崩壊したまま、講義を続ける教員です。

このエピソードをゼミで共有することで、大学での学びについて考える時間を持つことにしました。「逆ギレは良くないけど、気持ちはわかる」と理解を示す二年生の佐山智香さんは

「どの授業でも出席をとるし、毎回リアクションメモも書かないといけない。友だちに頼んで代理で出席メモを提出することも可能だけど、教授の中には筆跡鑑定まがいのことをして、代理出席を認めない。それぐらいの情報を大学生はみんな共有しています。出席しないと単位はもらえないし、単位をとらないと卒業もできない。卒業するために

は、嫌な講義も参加しないといけない。乗る気でもないし、興味もない講義を九〇分黙って聞くのは大変なことですよ」

と述べました。

それを聞いていた三年生の田村康太君が続けて、

「私語とか睡眠とかは、正直しょうがない、つまらない授業こそ私語や睡眠は多くなる。私語に厳しい人の授業は、聞いててもつまらなかったら睡眠。そこまで厳しい人じゃなかったらみんなしゃべる。私語や睡眠はごく自然な反応」だと述べます。

「大学は義務教育ではないんだし、好きな授業を履修したらいいのでは？」

と私は素朴に思ったことを口にした。すると、すかさず、田村君は、

「自分の好きな科目を選択できるというのは大学側の宣伝文句で、取りたくもない科目も履修している。講義の七割は関心がないといっても嘘《うそ》ではない。勉強を通して、大学入試に匹敵するほどの緊張感の伴う試験があるわけでもない。関心もないし、明確な目的もなく受講してます」

と語気を強めました。

たしかに田村君の発言は的を射ているなと納得していると続けて、

「教授って教えることに関心ないでしょ。プロフェッショナル意識が低く、こなすという感覚で授業を行ってますよね。大学生の学習意欲の低下なんて言われているけれど、教育する側の意識に問題がありますよ」と言い放ったのです。

田村君が関心を持つ講義は、昼間から夕方の時間帯に集中しています。単位をなるべく早く取得していくために、はやい時間帯の興味のない科目も履修しています。語学系の科目は一時限目に置かれていて、進級するのに必須の科目なので一年生は一限目から履修しているのです。

田村君の発言を聞いていた四年の岡本鈴菜さんは、

「講義ではなく自分語りになっている人がいる気がします。それまで習ったことがないことを、一方向的に話をされ、最後に質疑応答だと聞きたいことも忘れてしまったり、〈まあ、いっか〉になってしまう。自分の話をしたい教員とためになる話をしてあげたい教員とでは、理解度が違ってくる。前者の教員が多い」

と付け加えました。

昔の大学に私語はなかった

興味深いことに、昔の大学の講義では私語はほとんどなかったようです。学生の集中力が以前の学生より続かなくなったのでしょうか？　あるいは、昔の教員の授業が今より面白かったのでしょうか？

教育社会学者の竹内洋さんは、①とにかく休講が多かったので、②学生も開講されているときの講義は聞いておこうという気持ちになったのだと振り返っています。言い換えるなら、教員は簡単に講義を休講にすることができたというのは同僚の教員の間でも伝えられている〝大学あるある〟の一つです。

今は、学会出張などで休講にする場合には、事務に事前に伝えて、休講の知らせが学内の電子掲示板で伝えられるだけでなく、大学によっては科目の受講登録をしている学生の携帯電話に直接連絡メールが送信されます。休講の理由を事前に教授会で伝え、承認をとらなければならない大学もあります。休講は一大事なのです。

けれども、休講が多かったから、たまに開講される講義では話を聞こうと思い結果的に私語が少なかったという解釈はいまいち腑《ふ》に落ちません。

その理由について竹内さんは興味深い指摘をしています。授業中の私語がなかったのは、「日本の大学の授業形態が、教授が教壇でいうことをひたすらノートに筆記する「口授筆記」だったからだろう」（竹内洋『大学という病』中公文庫）と述べています。

現在は多くの場合、教員は授業資料をスライドやモニターに投影しながら講義を進めます。親切な教員は、その投影スライドを印刷して、一人ひとりに配付します。授業資料スライドを教育支援サイトにアップしているので、学生はいつでもどこからでも、手持ちのスマホで資料を見ることができます。こうした親切な教授法によって、学生は教員の言葉を聞くことも、手を動かすこともなくなったのです。私語の蔓延《まんえん》というのは、教授法の改善による皮肉な結果なのだとも言えるのです。

私語にどう対処するのか

教員と私語は、この数十年にわたる大学の習慣病です。極端なケースでは、私語の扱いが教員の評価に使用されることもありました。

「「私語公害」に対して、東海地方のある大学では、講義中、私語が教室の外の廊下にどのくらい響くかを大学当局が教務部の職員に計測させ、その結果を教授会で公表し、教員の教室運営能力の評価に使っているという。（略）教室で教えることよりも、学生の私語をなんとか抑えようと四苦八苦し、教授会で断罪され、おそらく百万回陳弁せざるをえない教員の姿を思い浮かべると、同情を禁じえない」（川成洋『だから教授は辞められない』ジャパンタイムズ）

学生が講義中に話していることのすべてが無駄な私語だとは思いません。けれども、どこまでが講義の中で必要な議論や会話なのか、私語なのか、その線引きの判断は教壇からはつかないのです。三〇〇人を相手に話を聞かせるとなると、私語のコントロールが欠かせません。

私語をやめるまで講義を進めない、私語をしていた学生が教室から出るまで講義を再開しないという、断固私語は認めないという教員もいます。

教育社会学者の武内清さんは、「強制、平等、匿名、一方的、無目的」という五つの条件が私語を発生させる手段特性である（武内清『学生文化・生徒文化の社会学』ハーベスト社）とまとめています。出席を強制する講義で、教師と学生との関係が平等化していて、教師にとって大多数の学生が匿名化した状態。講義が一方向的で、学生にとってその講義を受講する積極的な理由がなく、目的のない受講となっている場合には私語がでるのです。

私語を講義内での必要な議論へと変えていく手腕が教員に問われているのです。講義は教員の独演会であってはなりません。話を聞くだけなら、映像でいいからです。そうではなくて、学生同士、学生と教員とが相互にコミュニケーションをとれる空間にしていかなければなりません。私語を活かすも殺すも、教員次第だといえるかもしれません。「学生は学びたがり、教師は教えたがる」（潮木守一『キャンパスの生態誌』中公新書）というように、お互いの関心のズレを絶えずはらみながら、「単位」をめぐり、コミュニケーションを育んでいくのです。

悲鳴をあげる教員

大学は、生ものです。学生が腐れば、教員も腐ります。教員が腐れば、学生も腐ります。

フランスの社会学者のブルデューは大学での教育について次のような言葉を残しています。やや難しい表現になりますが、みてみましょう。

「教育的行為の効果は、様々な要因（第一にランクするのは物質的諸条件）によって決定されるとはいえ、学校制度の生産性はまずもって言葉によって、言葉の中で伝達された、情報の絶対的・相対的な量によって決定される。なぜなら、教育ほどその活力が言語操作にあるものは他にないからである」（『教師と学生のコミュニケーション』藤原書店）

ここでブルデューが述べたいことは、大学という教育機関を支えているのは、言葉をとおして伝達される情報量の大切さと、こういってよければ、伝達した言葉に対する理解度と信頼度だということです。

同じような事態を危惧する次のような指摘もあります。

「つまらない授業というのは、教える側の能力の問題というよりむしろ、尊敬とか信頼とか好奇心の問題なのではないか。学び手が教え手に対して尊敬せず信頼せず興味も抱いていない場合、「大学の講義」は悲惨な状況を呈することになる」（川成洋『だから教

授は辞められない』ジャパンタイムズ）

この指摘は大学という教育制度を支える言葉が伝わらなくなるときの深刻化を危惧しています。深刻な実態をみていくことにしましょう。

毎年入学定員割れぎりぎりで学生を確保している長沼大学准教授の富山里美さんは、「大学生にしたら、ほんとにいやいや大学に来ているし、強制的に授業を受けさせられていると感じている」と語ります。

富山さんは、受講生六〇名程度の同一講義を三クラス担当しています。同じ曜日に、同じ授業の内容を三コマ行う。レジュメを配付して、適宜記入していく講義を展開しています。富山さんの講義では、寝ているだけならまし。スマホでＳＮＳやゲームをする学生が絶えない。「携帯電話を触っている人はしまってください。といっても、その時は一瞬しまうような素振りをみせますが、結局、机の下で携帯電話を触っています。カバンにしまってください、といっても、しまわない」

化粧をする学生もいます。私語には波があります。一人が話し出すと、まわりもつられて話を始めます。

「私語は、授業中にもかかわらず、日常会話をしている程度のボリュームで会話を続けます。出ていってください、とその学生に言うと、そのときは、静かにするけど、少したつと、小さな声で話を続けるようになります」

授業の内容が専門的になっていくと私語が増え、寝る学生も増えていきます。もちろんすべての学生ではなく、前のほうに座っている学生は真面目に授業を受けています。三回休むと自動的に授業単位を認めないということが大学で決められていて、学生は嫌々出席しているようなのです。

「とりあえず、卒業できればいいと考えているはず。なんのために大学に来ているのかは、わかりません。大学に入るときは、簡単に入れるから入ろうと、深く考えずに入学してくるのだと思います。入学すると、出席はすべての講義で厳しくて、学生としたら単位をとっていくのは楽ではないのです」

富山さんは続けます。

「こんな状況で、授業を真面目にやろうとすると、教員の方が精神的にまいってしまう。うつ病になってしまった同僚も一人ではない。耐えられないと言って辞めていく教員もいます。ある程度は、注意しますが、それを繰り返していると、何でこんなことをしているのだろうな。授業内容は、難しくないのにまったく聞いてないのだと思うと、伝える気もなくなります」

今日の大学では、学生は学びへの意義を見いだせずに悩み、そうした学生たちに対応しなければならない教員も同じく、精神的にバランスを壊しがちなのです。

定員割れ大学の学生対応

「大学全入時代」といっても、一八歳人口のすべての者が大学に入学するわけではありません。希望する大学への進学という構造は昔から変わっていないばかりか、大学間の格差はより明確になってきています。

四四・五％の大学が入学者の定員割れに陥っています。入学希望者が殺到する大学と、定員割れを起こす大学と、大学は二極化しています。

入学定員の確保が重要な業務の一つである先ほどの長沼大学では、特別入試や一般入試を何度も繰り返します。教員研修では、「学生はお客様ですから、丁寧に対応してください」という言葉が学部長から繰り返し発せられます。

大学二年生の長澤奈央さんは、履修状況が十分でなく、卒業に必要な学外実習への参加が危ぶまれていました。担当教員がその旨を長澤さんの両親に報告すると翌日、大学事務に親が怒鳴り込んできて、開口一番に、「担当教員がしっかり面倒みないから、うちの娘がこういう状態になっているのです。大学側でなんとかしなさいよ」と凄みました。

親の怒りを抑えることができず、対応に苦労していた事務は、担当教員に電話をかけて呼び出しました。親と対面した担当教員は、「私のほうではやることはすべて行っていますが、長澤さんがこのような出席状態であることを看過してきた私に責任があると思います」と謝罪の弁を続けました。事務としても、担当教員に責任を負わせることで長澤さんの親の対応をはかったのです。

履修状況や成績判定をめぐってよくあるのが、「子供は大学に通っていると思っていたのに、欠席していて単位がとれていない」ことに親が驚くというケースです。

ＧＰＡのＦ評価も問題になります。ＧＰＡ（Grade Point Average）制度はもともと、アメリカの大学で広く導入されていた制度で、授業科目の成績評価を五段階（A、B、C、D、E）で評価し、それぞれに対して、四、三、二、一、〇のグレードポイントを付与し、単位当たりの平均を出すことができ、卒業のためには、通算のGPAが、二・〇以上が必要だとされています（高等教育局大学振興大学改革推進室）。GPA制度は四五三大学（約五八％）に導入され、今後も導入大学は増えていく傾向にあります。

一度、評価されないF認定となると、再履修してもそのFが消えず、GPAが低いままになります。GPAのために、学生は仕方なく講義には出るようにしているのです。

教員も評価の対象

大学という組織は、大ざっぱに分けて、「大学の制度的機構」と「大学の教育的役割」（潮木守一『京都帝国大学の挑戦』講談社学術文庫）に分けられます。本書では、大学生を主人公にすえ、教員と学生とのコミュニケーションに焦点をあててきたので、必然的に、「大学の教育的役割」の現状を明らかにしてきました。

しかし、大学の教育的役割は、教員と学生とのコミュニケーションによって生み出される産物ではなくて、学部組織、学科組織、文科省との関係性といった「大学の制度的機構」との制約や折衝の過程で絶えず書き加えられます。

大学の制度的機構と教育的役割の二点に着目すると、今日の大学が歴史的な過渡期を迎えていることに気が付きます。

二〇一四年一二月から二〇一五年二月にかけて、全国の国公私立七七一大学を対象に行われた「大学における教育内容等の改革状況」(回答率約九九%、七六二大学が回答)に関する文部科学省の調査では、①大学教育の質的転換と、②教職員の資質向上が課題として挙げられています。

まず、①大学教育の質的転換で具体的に求められているのは、大学において育成すべき力を学生が確実に身につけるために、個々の授業科目などを超えた大学教育全体としてのカリキュラム・マネジメントを確立し、教育課程の体系化・構造化を行うことです。

学位授与の方針(ディプロマ・ポリシー)、教育課程編成・実施の方針(カリキュラム・ポリシー)、入学者受入れの方針(アドミッション・ポリシー)は、それぞれ定められているものの、大学教育との整合性が取れているかについて課題が残ると指摘されています。

②教職員の質的向上で具体的に求められているのは、教員の職能開発が重要であり、大学教育の内容や方法の改善を図るための教員の組織的な研修（ファカルティ・ディベロップメント）への教員の参加です。

教員も、「教員相互の授業参観」「教員相互の授業評価」「授業方法に関するワークショップ」「学生による授業評価」を取り入れて、教授法の改善を行っています。

学生による授業評価における評価項目は、「授業の出席状況」「授業中の態度・意欲」「事前、事後の自主的な学習」「内容の理解度」「シラバスと実際の授業の関係」「授業に対する興味、関心」「授業のわかりやすさ」「授業の深度」「担当教員の熱意・意欲」「担当教員の話し方、声のボリューム」「補助教材の質」「学生の意見・質問に対する配慮」「教室の広さ、空調などの物理的環境」「黒板・ビデオ・ＯＨＰの使い方」などです。

毎回の講義に遅刻してくるような教員は、講義時間を守って講義を進めているかという項目で学生に厳しくチェックされているわけです。その結果は教授会で資料として提出され、議論の対象となります。教員の昇格人事や定年延長人事の参考資料として、学部教授会や人事委員会で共有されることもあります。

終身雇用ではなく、複数年度や単年度での雇用契約を交わしている教員にとっては、学生による授業評価が、教員の雇用延長に関わる重要な意味を持つこともあります。

教員は自分が担当する講義が学生にどの程度理解されているのか、手ごたえをつかむことが難しく、内容の理解度は講義まとめのテストや小論文での出来栄えで理解することができますが、毎回の講義の理解度や満足度をこれまで確認することができませんでした。

それが、学生による授業評価により数値で確認することができるようになりました。学生からの「授業スライドの切り替えがはやい」「授業内容が難しい」といった率直なフィードバックは、翌年以降の講義に反映していくことができます。大学講義の規律的な真面目さは学生評価の浸透による産物といっても過言ではありません。

アクティブラーニングで問われる教員の質

大学教員の大半は、それぞれの専門分野での研究を継続するための生活手段として教員をしています。教員志望ではなく、研究者志望なのです。

研究者志望の大学教員は、高校までの先生と比べて、教えるのが下手《へた》です。というのも、ごく限られた領域だけを、超オタク的にのめり込む、バランス感覚を欠いた傾向があり、もともとは教えることにそれほど関心がないのです。

話の長い人が、教員になるのか？　ということではありません。研究者であるから、その分野の学問をつきつめてはいますが、もともと、教えるのがうまい人は少数派です。話が長いのは、講義を重ねていく中で、「話の長い人になっていく」からです。講義がいくら苦手であっても、九〇分×一五週×三〜四コマ×二回（前期・後期）×数十年の「時間」、とりあえず、マイクを握らなければなりません。

これだけの間、マイクを握れば、誰でも、講話能力はついてきます。握り続ける経験を積み重ねることで、話が長いことが、当たり前になり、常態化し、その長さに、本人自身が麻痺《まひ》してしまうのです。二〇〇人とか四〇〇人の大規模講義を展開するには、マイクを握り締めます。これは、「一望監視、パノプティコン方式」の一方向講義です。このやり方で教壇から話し続ける。これを続けていくと、聞いているほうは、眠くなり、睡眠十分の学生は、せっせと私語に勤《いそ》しむ、という悪循環に陥ります。
「話が長いのは、しかたないじゃないか。九〇分の講義をするのに、それしか、方法はないだろ」という意見もあります。「話が長いのは、本人の特性でもなくて、もっと、制度的・構造的な問題」なのです。

それを解消するためのアクティブラーニングでは、教員のフィードバック力が問われます。講義の内容を事前に準備している一方向型の講義では、幾つかの質問に答えるだけでいいですが、アクティブラーニングでは学生が良かれと思っている取り組みやプレゼンテーションの内容について的確にコメントしていかなければなりません。

このコメント力は一筋縄ではつきません。というのも、学生にどう受け止められるのかをイメージしながら言葉を発しながらも、どのような結果をもたらすのかが予測できないからです。

私も何度も失敗を重ねています。的確だと思ったフィードバックが、こちらが想定している以上に深刻に受け止められたり、逆に、こちらの思うことが全く届かないことがあります。言葉というのは、目にみえないもので、受け取り方もそれぞれです。

フィードバックがうまくいくかどうかは、教員の声かけと学生の受け取り方に影響されます。その前の段階で学生が自らの考えをまとめ、教員を頼らずプレゼンテーションしている学習は、それだけでも大きな成長を導くものです。その学習が学生同士の友人コミュニケーションにとどまらないように、緊張感を与えていくのが教員の重要な役割なのです。

さあ、大学は変われるか

大学は、度重なる批判を受けても変われずにいます。変われずにいるのは、実は社会がそれを容認してきたからでもあります。

親は、子が大学に進学すると肩の荷がおり、大学で何を勉強するかに特段関心を持ちません。大学は目標であり、育児の集大成＝ゴールだからです。

企業はできるだけ癖のついていないフレッシュな若者を雇い、自社でトレーニングを積ませることで生産性を高めてきました。企業側は「大学教育が役に立たないと言い続けたほうが、新卒の大学生を低い賃金で雇うためには有利だった」（金子元久『大学の教育力』ちくま新書）のです。

変化の激しい社会動向に対応するために、大学と民間企業との協働が、かつてなく求められています。各大学の現場でも具体的な処方が施されています。その取り組みは主に、

①受動的な学習態度から、能動的かつ自律／自律的な学習態度への転換
②体験型・実践型学習への推進
③学生の学力格差への対応
④学習環境の整備
⑤学生の教育活動への参加
⑥教員の教育力向上への支援
⑦学生の学修記録を用いた教育の取組

この七つにまとめることができます（文部科学省『大学教育の質的転換に向けた実践ガ

イドブック』リベルタス・クレオ)。

そうした時代の中で、大学での四年間を充実した学びにしていく起爆剤となるのが、人材を軸に据えた産学連携モデルの構築ではないかと考えています。これまで産学連携は、民間企業の資本力を大学に注入し、大学の専門知識の深化をサポートする形での研究資金連携による共同研究の実施とそのアウトプットによる特許の取得などの成果を出してきました。大学における研究成果や創出された知的財産の産学連携を通じた社会への還元も行われています。大学関連のベンチャー企業も創出されてきています。

どちらかというと、産学連携は学部学生には直接関係のない派手な事例が目立ちます。今の大学に必要なのは、もっと地べたの連携だと言えます。

次世代を担う学生の多くは卒業後、国内総生産(GDP)の約七割を占めるサービス産業の現場で働いています。こうした現場で働くために必要な知識やスキルを育てていく教育プログラムを構築していくことが求められます。

形式的なインターンシップや企業側が求める採用を視野にいれた青田買いのインターンシップではなくて、社会に出てから、個々のキャリアを築いていける人材の土台部分を養っていくようにするべきなのです。

大学で実施されている、教養教育（リベラルアーツ）、専門教育、インターンシップや社会での体験をサポートしていく実践教育、この三つは相対するものではありません。個々の学生は、論理的思考力や他者とのコミュニケーション能力の醸成のプロセスで相互に関連し合い、らせん状に成長曲線を描いていきます。

一年から四年までの直線的でかつ垂直的な成長は理想に過ぎません。学生それぞれのパーソナリティ、それまでの経験などがすべて関連しあい、うまくいくと思っていたことが、うまくいかないで涙する。落ち込んだり、悩む時期を過ごす。まさに、七転び八起きを通じて四年間でしなやかさとたくましさを身につけていくのです。

社会に出てからも、勤めた会社を転職したり、勤めた会社が倒産したりで、働く環境を変えることは誰にでも起こりうるご時世です。ライフイベントでも予期しない事態に遭遇します。未曾有のグローバル化は、モノ・金・ひと・情報の国境を越えた移動を加速化させ、予想以上の不測のストレスがかかる環境に身をおくことも増えてくるでしょう。

大学の社会的役割も問われるようになってきました。特に、学生の卒業時における質の確保を図るために、どのような人材を育てていくのかを定め、そうした人材を育てるための体系的なカリキュラムを編成することが求められています。そうした社会的な要請にも応えていかなければなりません。大学は、いかなる状況においても、しなやかにたくましく状況を乗り越えていける人づくりの拠点となるべきなのです。

エピローグ　生き方をデザインする学び

人生の総監督としてどんな舞台を創るのか

いよいよまとめのパートに入ります。大学の中での学びを活かし、大学の外で果敢にチャレンジしていく。あなたの成長の糧としてどちらの経験も欠かすことができないということはわかっていただけたのではないかと思います。

大学の中での学びでは、受け身学習を捨て去り、自ら問いを立て、それを探求していき、そこで考えたことを的確に伝えていけるスキルを日々磨いていくことがポイントになります。本書の内容を意識しながら、あとは行動に移し、継続していってください。

それに対して、大学の外での経験は、考えている以上にうまくいかないことが多いかもしれません。忘れてほしくないのは、アルバイトやインターン先での失敗経験や苦労はどれ一つ無駄なものはないということです。

とはいえ、失敗した瞬間や苦労が続くと、突破口のみえない状態に陥るかもしれません。そんなときは、あなた自身を、少し離れたところから見るようにしてください。少し離れてみるというのは、たんに俯瞰《ふかん》的にみたり、客観的にみる、というだけではなくて、あなたの今をこれからのあなたという時間軸を引き延ばして捉《とら》えてほしいということを意味しています。

その一つの例として、あなたが主役をつとめる舞台作品の総監督として現状を捉えてみるということを提案したいと思います。

苦労を乗り越えようともがく主役がいます。主役は今、このときを精一杯生きていきます。監督というのは、主役である自分がどのような舞台を生きていくのかをプロデュースし、マネジメントしていくのです。もちろん突然、怪我をしてしまったり、照明が故障するというような不測の事態が起きることもあります。

これからの長い人生で壁にぶちあたることは、いくらでもあると覚悟しておくのがいいでしょう。その困難にいかに向きあえるのかも、生きる醍醐味《だいごみ》なのです。

同時に大切なことは、舞台で起こる大方の出来事は、総監督であるあなたが思い描き、プロデュースしているということです。

文章を書いたり、詩を書いたり、曲を書いたり、絵を描いたり、何らかの創作行為に取り組んだ経験のある人は、その行為が何らかの模倣＋αであることを学んでいると思います。人は何らかの経験や模倣から作品をつくります。ゼロから十までのすべてを一切の経験や模倣なしに手掛ける人はいません。

人生という舞台も同じです。

自らの人生をプロデュースしていくには、**どんな舞台にしていくのかを考えるために、どんな舞台があるのか**を徹底的に吸収していくことが、きわめて意味のある過程なのです。

過去の時間を自分の思い描くように使うことはできないので、目の前の現在の時間と、これからの時間の使い方を、自らデザインしていけばよいのです。その際に忘れてはならないことは、主役として監督として舞台をつくるときには、支えてくれるスタッフであったり、共演者であったりと、いろいろな人たちと力をあわせてつくりあげていくものである、ということです。人生という舞台もまったく同じです。一人で生きていくことはできないし、一人で舞台をつくっていくことはできないのです。

筋書きのないドラマのストーリーを書く

「プロ野球選手になりたい。Jリーガーになりたい。ピアニストになりたい。医者になりたい。弁護士になりたい。警察官になりたい」と小学校の卒業文集には将来の夢がつまっています。将来の夢を抱くことは悪いことではありません。その夢にむかって突き進んでいく人たちもいます。

ですが、たとえば、その夢を達成したとして、その先の姿まで思い浮かべている人はどれぐらいいるでしょうか？

プロ野球選手にはなったけど、十分に活躍することができずに、戦力外通告をうける選手は毎年、一人や二人ではありません。念願のJリーガーになったのに、膝の怪我をして二〇代前半に、引退を強いられる選手は何人もいます。

夢というのは達成してからが始まりなのです。夢を達成してからも人生は続くのです。

プロ野球選手になりたいのであれば、プロ野球選手になるためにどんな準備が必要で、プロ野球選手になってからどのような選手として活躍していくのか、できるだけ具体的なストーリーを描いておきます。ここからが大事なことなのですが、**引退後の生き方についても、その夢とセットにしてデザインしていく**のです。

人生は筋書きのないドラマだと言われますが、その筋＝ストーリーをデザインしてみましょう。

とはいっても、疑問をもつ人もいるのではないでしょうか？　小学校のときの夢を叶《かな》えている人にあったことありますか？　もしそのような人が身近にいたら、珍しい人です。先ほどから例に出している、プロ野球選手になるという夢を掲げ、それを叶えられる人はごく一握りの人たちなのです。

それでは、小学校の夢とは違う人生を歩む人たちはどのように生きていくでしょうか？

小学生は憧《あこが》れを口に出すことができますが、中学生になると、その憧れと自分の現実との距離を自覚するようになります。夢を口にしたときの友だちのリアクションも気にするような年頃です。高校生になると、本書の冒頭でも述べたように、常に周りと自分との評価や位置を意識するようになるので、自分がどれぐらいできるのかを過小評価していく傾向にあります。

その先にあるのが、「自分は将来何をしていくのか、何ができるのか」わからないという、自己の迷いと夢の喪失です。「将来、何をしたらいいのか、わからない」状態で、大学受験を迎えます。そのときのレベルで合格することのできた大学に進学します。

そのような過程を経ると、大学に入ったときに、「今、何をしていいのか、わからない」という事態が起きるのです。

大学での学びが未来を導く

それを解消するためにも、大学環境を活かしていく上で大切なポイントとなるのが、一つのことに徹底的に打ち込むことと、経験したことのないことに関心をもつこと、この〈深さと広さ〉のバランスです。無心になって打ち込むものがあれば、とことんまでのめり込むべきでしょう。物事に打ち込むと知識を増やしたり、スキルを向上させたいという欲求が生まれてきます。大学の設備環境の見え方も、変わってくるはずです。

一つのことに打ち込んでも、それ以外の生き方をないがしろにしてはその後苦労することになります。一芸に秀でたトップアスリートがその競技から引退した途端に、何をしていいのかわからなくなり、路頭に迷ってしまうことがありますが、これと似ている状況がうまれます。

「やりたいことがないのです」という学生がその状況ですね。日頃から様々な情報にアクセスできますし、人々の様子も目に入ってきます。そんな情報過多の時代を生きていると、やりたいことへの渇望はなくなってきますね。

そんなときに、やりたくないことを継続していくことには意味はありませんが、やったことがないことをはじめることは経験値を高めてくれます。

一つに打ち込むのではなく、経験のないことに、時間をみつけて積極的に取り組んでみるのがいいです。おそらく最初は何事も思うようにはいきません。うまくいかないからこそ、日頃から慣れてしまっていることでは気が付かない新たな学びがあるのです。

あらたな経験をふやすために、大学生活においてはサークル活動を常にオープンな場と捉《とら》えるのがいいです。たとえば、フットサルやダンスなど、ふと経験してみたいときに、そのサークルの活動に参加して経験を積んでいくことができれば、その都度新たな経験値を積んでいくことができるのです。体育会系の運動部では実現が難しいかもしれませんが、サークル活動には可能性を見いだしてもよいでしょう。

人の経験を聞くことも新しいものとの出会いになります。ですが、自ら経験してみるに勝る学びはありません。生き方をデザインする学びは、明日の自分を頭の中で考えるだけの空想ではありません。明日の自分の生き方を考えながら、今の経験値を増やしていくことなのです。

経験は蓄積されます。経験は何一つ無駄にはなりません。経験の蓄積が主役であるあなたの人生に彩《いろどり》を加えていくのです。

そして、結果より、目標に向けた取り組みの過程を大切にしましょう。結果を点で考えるのではなく、線で考えてください。結果をプロセスだと捉えるのです。そうすれば、大学に入った時に目標を失って、やる気をなくすこともなくなるに違いありません。

それでは、目標はどのように、どの程度、設定したらいいのでしょうか？　私はできるだけ具体的に設定するのがいいと個人的には感じています。野球、サッカー、テニス、ピアノ、バレエなど習い事を小さい頃からやってきた経験のある人は、大会、コンクール、発表会でベストパフォーマンスを発揮するために、逆算して練習メニューを組んできたと思います。その日までの計画的な取り組みをメニュー化していくことは監督や先生の役割でした。

目標を設定し、その日まで計画的に取り組み、ベストパフォーマンスを発揮することができたのは、監督や先生の導きがあったからなのです。

生き方をデザインしていくときに、目標にむけた取り組みは、年齢を重ねれば重ねるほど、自分ひとりで解決していくことになります。特に大学生になると、自分ひとりでいろいろと先のことをきめていかなければなりません。監督や先生はいないと思って、総監督として自分の生きる舞台をプロデュースしていくことが必要なのです。

九〇年のライフトリートメント

食生活の改善、生活環境の向上、医療のめざましい発展により、私たちは平均して九〇年弱という時間を謳歌《おうか》することができます。大学の卒業が二二歳だとすると、それから少なくとも六五年という時間があるのです。

大学の学びは四年、大学を卒業して働くは四〇年、生きるは九〇年なのです。大学を卒業するまでが学びで、それからは働くというように分けて考えるのではなく、生き方そのものをデザインしていくのに、日々大学での学びを利用するのがその後の人生にとっても有効でしょう。だからこそ、学生のうちに、学びの美味しさと生き方のデザインの基礎を身につけておきたいものです。

生き方をデザインする学びは、長期的な継続活動になります。からだも心も良好な状態を保つそれぞれのライフマネジメントとライフトリートメントの確立も欠かせません。この訓練を大学生のときからしておいたほうがよいでしょう。

少人数での授業では学生の様子がよくわかります。講義は一五週でセットなので、期間としては約四カ月になります。この四カ月間、一回も欠席なしに毎回元気に発言できる学生の将来は明るいです。そのまま、四年間ほぼ皆勤で学んでいける学生は、高い確率で希望就職先から内定をもらい、就職後も活躍していきます。

実はこうした学生は少なく、単位がもらえる範囲の二、三回程度欠席する学生が多数派だといっても過言ではありません。理由はどうであれ、コンスタントな体調管理ができていないのです。社会に出て仕事をまかされるようになれば、そう簡単に風邪で休むことなどできません。もちろん、風邪をひいてしまった場合には、同僚やクライアントに迷惑をかけないように、無理をせずに十分休養する必要があります。

そのため、体調のマネジメントは生きていく上で重要なのです。いつもコンディションがよく、笑顔で仕事を引き受けることができれば、それだけでも信頼を勝ち得ることができます。

こうした体調のマネジメントは、社会人になって急にできるものではありません。だから、学生のときから、生活のリズムをつくっていきたいものです。

インターンを掛け持ちして、アルバイトもこなし、大学の授業とサークル活動で、オーバーワーク気味の学生をみかけます。無理は続きません。仕事でも残業続きの人がよいパフォーマンスを発揮できるかといえばそうでもないのです。無理をすればパフォーマンスは落ちていきます。

時間は有限ですので、その時間をどのようにつかっていくのかをマネジメントし、良好な状態を保っていかなければなりません。このセルフライフマネジメントは、社会に出てからもいきてきます。職種によっては、複数の案件をかかえ、期日までに納品したり、プロジェクトを進行していかなければなりません。仕事は、同僚と進めていきます。大事な局面で体調を壊してしまえば、チームのメンバーに迷惑をかけてしまうことになります。

力をかりるところはかりて、自分の力を発揮できるところは発揮していきます。良好な状態をキープしながら、オーバーワークにならないようにマネジメントをすることで、同僚からの信頼も得られるのです。

明日の自分をデザインできれば、今、何をすべきなのか、何に力を注ぐべきなのかの優先順位を付けることができます。地に足をつけて、一つひとつ丁寧に向き合っていきましょう。

息抜きの方法は、それぞれです。音楽を聞いたり、動画をみたり、外食をしたり、運動をしたり、あなたにあったライフトリートメント方法をみつけてください。

最後に福澤諭吉の言葉に戻ってみましょう。「天は人の上に人を造らず、人の下に人を造らず」という言葉で福澤は人々の平等性を再確認させるとともに、学びの重要性を説いていました。なかでも、「実用性のない学問はとりあえず後回しにし、**一生懸命にやるべきは、普通の生活に役に立つ実学である**」（福澤諭吉著、斎藤孝訳『現代語訳　学問のすすめ』）と述べています。

学びとは机上の学習だけではなく、日常の生活を良くしていく実学なのです。私はこの福澤の実学に、未来への時間軸を付け足して考えるようにしています。

学ぶことで人は成長していくし、学ぶことが社会を創っていく力にもなるのです。

あとがき

法政大学に着任して、一〇年目を迎えました。私の専攻は社会学で、集団や組織に自ら入り込み、そこでの行動、規律、価値規範を生み出す社会的世界の分析を試みる、フィールドワークを主軸にすえた社会調査に取り組んでいます。

教育学の専門家ではありません。教育学の専門家ではないからこそ、大学という世界にいきる大学生を対象に書けることがあるのではないかと感じるようになりました。対象とする集団や組織の専門家でないことはフィールドワーカーの弱みにはならないからです。知らないからこそ、通常、あたりまえだとされている何気ない事柄にも、食いつき疑問視することもできるのです。

これまで大学は、大学教育の歴史的な経緯や大学という教育機関の制度的な問題に焦点があてられ論じられてきました。それらの論考では、大学の主人公である大学生が登場しません。他方で、「今の大学生はダメだ」、「大学生は勉強しない」とか、そんな外部からの批判は、もう聞き飽きました。大学で教鞭《きょうべん》をとる教員が、学生批判を続けるのはある種、職務放棄だなと感じるようになりました。

そこで本書は、これまでの著作とは全く逆の針路を辿ることにしました。まず、「日本の大学生は勉強しない。大学に入ると、単位をとるのは簡単で、適当にやっていれば卒業できる」と言われる大学の実情を把握するために、大学という空間で何が起きているのかを、自らも身を置く大学を対象に分析していきました。

九つの大学で教壇にたち、大学という世界で生きる教員と学生との教育を介した日常の疑問や気づきを、その都度、書き留めました。それらを寄せ集めたコミュニケーションアルバムをもとに、大学生の実態に迫りながら、大学でできること、大学の活かし方を考えてきました。今の状況を良くしていく処方箋《しょほうせん》を示してきたつもりです。

本書で想定した主な読者は、大学生のあなたです。「まあ、話なら聞くけど、本は退屈」という怪訝《けげん》な顔も思い浮かびます。スマホであらゆる情報を手に入れることができるのに、「なんで今さら本なの？　読まないでしょ」。twitter、facebook、LINE、インスタグラム、スナップチャットなどなど、友だちの今をいつでも知ることができます。

ソーシャルメディアの中でも、facebookは、「文章を書いて投稿するからハードルが高い」と感じているようですね。そんな流行《はや》りのソーシャルメディアでは、写真と動画が主人公、文字は脇役です。

そんなあなたの関心に反して、この本は文字ばかりになりました。でも、私は文字に込めた言葉だからこそ、届くこともあると信じ、言葉を紡ぎあげてきました。

いかがでしたでしょうか?

大学教員が改善すべきことは山積みです。一つひとつ取り組んでいきます。

大学生のあなたも、自分たちの環境に不満をつのらせるだけではなくて、学びを堪能し、学びの空間を創っていってください。在学中に学びの魅力にどっぷりとつかっておけば、社会に出てからの足腰にはなります。

大学を卒業するからといって、学びから卒業するわけではありません。大学のカリキュラムに縛られず、文字通り、自ら学びを深めていくのです。生き方をデザインする学びが、あなたの人生を味わい深いものにしていくのです。

最後に、私事を書かせてください。

二〇一六年四月から一年間、国内研究員として調査や執筆に専念する時間を頂きました。大学業務から距離をおくことで、これまでの経験を相対的に見つめなおすことができたと思います。本書はこの期間に、書き下ろしました。法政大学キャリアデザイン学部の同僚の先生方、ならびに、デジタルハリウッド大学の杉山知之学長とスタッフの皆様に御礼申し上げます。

ＴＴＣのメンバーは、いつの間にか一三〇名近くになりました。二〇一六年はＯＢ／ＯＧの結婚と出産が続きました。うれしい限りです。現役メンバーもいいチームワークで学びに没頭していますね。まだまだ、やれることは沢山あります。引き続き、よろしくっ！

本書の読みやすさは、編集を担当してくださった橋本陽介さんのプロフェッショナルな技芸によります。橋本さんは、赤を入れた原稿を手にして、建て替え工事中の市ヶ谷キャンパスにある研究室に何度もお越しいただきました。

なお、本書のタイトルはＴＴＣのメンバーから候補を募り、コミュニケーションデザイナーである齋藤太郎さんの助言でブレークスルーできました。ありがとうございました!

今回の機会は、社会学者の阿部真大さんがつくってくださいました。知る限り、一九七六年岐阜県生まれの社会学者は、阿部さんと私の二人です。レアキャラです(笑)。阿部さんの研究にいつも刺激を頂いています。

橋本さん、阿部さん心より感謝申し上げます。専門用語や難しい言い回しに逃げずに、やわらかく書くことに苦労しました。それだけ思い出深い著作となりました。ありがとうございました。

本書がこの国の未来を担う大学生の生き方バイブルになることを願って

田中研之輔

ちくまプリマー新書

001
ちゃんと話すための敬語の本
橋本治
敬語ってむずかしいよね。でも、その歴史や成り立ちがわかれば、いつのまにか大人の言葉が身についていく。これさえ読めば、もう敬語なんかこわくない！

096
大学受験に強くなる教養講座
横山雅彦
英語・現代文・小論文は三位一体である。本書では、それら入試問題に共通する「現代」を六つの角度から考察することで、読解の知的バックグラウンド構築を目指す。

137
東大生・医者・弁護士になれる人の思考法
小林公夫
受かる人はどこが違うのか。30年間予備校や大学で数え切れない程の受験生を指導した結果みえたこととは？　勉強法を示しつつ難関に立ち向かうことの意味をも考える。

158
考える力をつける論文教室
今野雅方
まっさらな状態で、「文章を書け」と言われても、なかなか書けるものではない。社会を知り、自分を知ることから始める、戦略的論文入門。３つのステップで、応用自在。

217
打倒！　センター試験の現代文
石原千秋
すべての受験生におくる、石原流・読解テクニックの集大成。３年分の過去問演習に臨み、まぎらわしい選択肢を見極める力をつけよう。この一冊で対策は万全！

224
型で習得！　中高生からの文章術
樋口裕一
小論文・作文・読書感想文・レポート・自己PR書など、学校や受験で必要なあらゆる種類の文章を簡単に書くコツを「小論文の神様」の異名を持つ著者が伝授。

263
新聞力
——できる人はこう読んでいる
齋藤孝
記事を切り取り、書きこみ、まとめる。身体ごとで読めば社会を生き抜く力、新聞力がついてくる。効果的なメソッドを通して、グローバル時代の教養を身につけよう。

ちくまプリマー新書

243
完全独学! 無敵の英語勉強法
横山雅彦
受験英語ほど使える英語はない!「ロジカル・リーディング」を修得すれば、どんな英文も読めて、ネイティブとも渡り合えるようになる。独学英語勉強法の決定版。

051
これが正しい! 英語学習法
斎藤兆史《よしふみ》
英語の達人になるには、文法や読解など、基本の学習が欠かせない。「通じるだけ」を超えて、英語の楽しみを知りたい人たちへ、確かな力が身につく学習法を伝授。

097
英語は多読が一番!
クリストファー・ベルトン
渡辺順子訳
英語を楽しく学ぶには、物語の本をたくさん読むのが一番です。単語の意味を推測する方法から、レベル別本の選び方まで、いますぐ実践できる、最良の英語習得法。

182
外国語をはじめる前に
黒田龍之助
何度チャレンジしても挫折してしまう外国語学習。その原因は語学をはじめる前の準備がたりなかったから。文法、発音から留学、仕事まで知っておきたい最初の一冊。

099
なぜ「大学は出ておきなさい」と言われるのか
――キャリアにつながる学び方
浦坂純子
将来のキャリアを意識した受験勉強の仕方、大学の選び方、学び方とは? 就活を有利にするのは留学でも資格でもない! データから読み解く「大学で何を学ぶか」。

105
あなたの勉強法はどこがいけないのか?
西林克彦
勉強ができない理由を、「能力」のせいにしていませんか?「できる」人の「知識のしくみ」が自分のものになる方法を、認知心理学から、やさしくアドバイスします。

047
おしえて! ニュースの疑問点
池上彰
ニュースに思う「なぜ?」「どうして?」に答えます。今起きていることにどんな意味があるかを知り、自分で考えることが大事。大人も子供もナットク!の基礎講座。

chikuma primer shinsho

ちくまプリマー新書277

先生《せんせい》は教《おし》えてくれない大学《だいがく》のトリセツ

二〇一七年四月 十 日 初版第一刷発行
二〇二三年二月二十日 初版第六刷発行

著者 田中研之輔（たなか・けんのすけ）

装幀 クラフト・エヴィング商會

発行者 喜入冬子

発行所 株式会社筑摩書房
東京都台東区蔵前二-五-三 〒一一一-八七五五
電話番号 〇三-五六八七-二六〇一（代表）

印刷・製本 中央精版印刷株式会社

ISBN978-4-480-68982-5 C0237 Printed in Japan